JOSÉ LUIS GARCÍA CABRERA

LOS TUFOS DEL NARCO 4

NARCOS VIEJOS

LE LLAMABAN

EL *SEÑOR*

DE LOS CIELOS

CÓMO NACEN LOS CÁRTELES DE GUADALAJARA, MEDELLÍN
Y CALI; PRIMERAS PILLERÍAS DE GARCÍA ÁBREGO, EL CACHO,
MEDRANO GARCÍA, EL AMABLE Y MATTA BALLESTEROS

Populibros Libertad
División de Editorial 19.51, S.A de C.V.

Derechos Reservados del Autor

Portada y diseño de Interiores: Said A. Morales Marañón

Índice

El *adiós* de Amado; julio 1997

A mado Carrillo Fuentes, *El Señor de los cielos*, creía ser uno de los hombres más felices en la faz de la tierra. En 1997 su mundo era un vergel, tanto para él como para todos aquellos que le seguían y eran leales, mientras que para sus enemigos era un infierno donde podían morir al menor descuido. Lo único que enturbiaba aquella felicidad era la cada vez más incesante persecución de la que era objeto su persona, por parte de la DEA y de la PGR.

La sorpresiva muerte de su amigo Luis Medrano García, apenas unos meses antes en el interior del penal de Almoloya, al igual que el fracaso de su tentativa de condicionar sus operaciones con los altos mandos políticos y militares del gobierno, le hizo reflexionar sobre lo incierto de su futuro.

Luis Medrano, sin duda, cayó asesinado, y sus embajadores Eduardo González Quirarte, *El Flaco*, y el periodista Rafael Pérez Ayala, habían fallado en su acercamiento con los hombres del gobierno federal, evocaba Amado en sus reflexiones.

En realidad en la propuesta que tanto *El Flaco* (encargado de la plaza de Guadalajara y enlace con los militares), como el periodista de *Excélsior*, a nombre de Amado le habían hecho llegar al gobierno federal no estaba el entregarse, sino pactar para que lo dejaran actuar y se garantizara protección a su familia.

Amado proponía colaborar con las autoridades para acabar con el narcotráfico desorganizado; actuar como un empresario y no como criminal; no vender droga en el país y traer miles de millones de dólares al territorio mexicano para coadyuvar con la economía nacional.

Prometía, además, entregar la mitad de sus vastas posesiones y no actuar violentamente ni en rebeldía contra las autoridades.

Después de varios meses de entrevistas con el general Jorge Mariano Maldonado Vega, mediante Pérez Ayala y González Quirarte, que por separado se presentaban como empresarios y asesores de la Presidencia de la República y de la Secretaría de la Defensa Nacional, Amado entendió que su oferta no había interesado al gobierno ni a los militares. Maquinó, entonces, un plan magistral.

Cierta tarde, en la amplia sala de una de sus fincas de la ciudad de México, se quitó la chaqueta y recostó en el sofá. Su pétreo rostro se veía fatigado. Con una seña invitó a *El Azul*, a tomar asiento junto a él y le preguntó sobre el asunto que desde las últimas semanas bullía en su cerebro, del cual estaba al tanto su socio, compadre y consejero principal:

—Bien, compadre, ¿qué te parece el asunto?

Juan José Esparragoza Moreno, *El Azul*, no contestó enseguida; se tomó varios segundos antes de abrir la boca para exponer sus puntos de vista.

—No te entiendo, compadre; todo contradice tu manera de ser. Dices no desear retirarte sino desaparecer, pero sin dejar la mesa servida. No, no te entiendo.

En el rostro de Amado apareció una sonrisa de satisfacción cuando, inmediatamente, agregó:

—Me conoces mejor que cualquier otro, compadre. Lo que quiero decir es que existe una solución, para acabar con esta persecución. Mira, lo más importante es que los gringos y la PGR me dejen ya en paz. Te repito, que sean los mejores cirujanos. Habla con los amigos de la PGR y de la DEA. Ya verás que si se puede.

Desde el día que por vez primera Amado le comentó su idea, el cerebro de *El Azul* comenzó a trabajar intensamente. Amado le había planteado su estrategia, pero omitía algo muy importante. Y él, Juan José, aunque sabía qué era, esa tarde prefirió no hacer preguntas. Simplemente, minutos después, dijo "buenas noches, compadre" y salió de la estancia. Ahora estaba seguro de que la sutil y compleja mente de Amado había ideado un plan de acción a largo plazo. Su "cambio" de rostro y "muerte" formaban parte de dicho plan. Sin duda.

Pasarían unos meses más antes de que el visionario jefe mafioso pudiera llevar a cabo sus planes. Durante ese tiempo, *El Azul* y sólo dos o tres de sus hombres más cercanos y discretos se devanaron los sesos intentando la mejor manera de conseguirlo. Pero fue en vano, porque sus sugerencias no contaron con la aprobación del audaz sinaloense.

Finalmente, la desgracia de la propia familia de Amado dio luz a sus audaces planes. El protagonista fue uno de sus primos, un hombre de unos cuarenta años —Amado contaba con cuarenta y dos— que había sido desahuciado por los médicos a causa de una añeja y mortal enfermedad.

Cuando el jefe de la organización de Juárez se enteró de la desgracia de su pariente, se presentó ante sus afligidos familiares, primero para darles sus condolencias y ofrecerles su apoyo tanto moral como económico y, lo más importante para él: exponerles someramente su plan, cuidando no lastimarlos ni ofenderlos, pero tampoco enterarlos de todo el complejo plan. Por si acaso.

Amado, entonces, demostró por qué se le consideraba el narcotraficante más audaz e importante del mundo. Garantizó a la familia de su primo que recibiría de por vida una elevada pensión económica. Prometió, además, entregarle de inmediato una fuerte cantidad, a modo de anticipo... a cambio de que le entregaran al moribundo. En la situación del enfermo —les dijo a sus asombrados y afligidos parientes—, eso no le perjudicaría y, en cambio, lo mantendría con vida artificial hasta que se le necesitara.

Aceptado el singular convenio —no sin algunos peros por parte de la familia del desahuciado, que de inmediato Amado subsanó—, surgieron, sin embargo, todavía muchos otros detalles que arreglar. Por ejemplo, el cambio de cuerpo debía ser convincente. Por lo tanto, los especialistas que en el momento preciso le practicarían la cirugía en el rostro al condenado, tenían que ser puestos al corriente de lo que se quería.

Y aun cuando los exámenes del ADN que sin lugar a dudas se le practicarían al cadáver, revelaran que coincidían con los de Amado (no hay que olvidar que el difunto era su primo), todavía se debería de convencer a los peritos de la PGR y la DEA para que identificaran a Amado como el cadáver que se les presentaría ante sus ojos.

Esto último no sería fácil, pues la descripción entre ambos era radicalmente distinta: El primo hermano era más delgado y bajo que Amado. Pero *El Azul* cuidaría de arreglar esos detalles, lo mismo con los funcionarios corruptos de la PGR que los de la DEA, siempre dispuestos a sacar el mayor de los provechos de sus importantes cargos gubernamentales, convencidos de que sus hijos tenían el mismo derecho que los hijos de los ricos de asistir a las mejores colegios del planeta, para obtener los beneficios de la educación y de la cultura que sólo se imparten en esos costosos planteles privados.

Finalmente, el último detalle a puntualizar sería convencer a los medios informativos de que el mafioso había muerto tras de serias complicaciones postoperatorias. El muerto, pues, sería identificado como Amado Carrillo Fuentes, *El Señor de los cielos*.

Y así fue.

La repentina "muerte" de Amado ocupó las planas principales de todos los periódicos y revistas y el mayor espacio de los medios electrónicos del mundo. El éxito fue completo.

---0---

Al sinaloense le llamaban *El Señor de los cielos*, porque le gustaban los aviones (llegó a tener tres, para su uso personal) y contaba con una flota de más de treinta Boeing 727, para transportar cocaína o cualquier otra droga por todo el mundo.

Tras la muerte del colombiano Pablo Escobar Gaviria (2 de diciembre de 1993), jefe del cártel de Medellín, Amado se posicionó como principal proveedor de cocaína en el mundo e hizo de su grupo, el de Juárez, el más poderoso de los cuatro cárteles que operaban en México: Juárez, Golfo, Sinaloa y el de Tijuana.

Pero Amado, a diferencia del colombiano Pablo Escobar, era un personaje que operaba desde las sombras por lo que poco se sabía de él; en los archivos de las autoridades, enteradas de que era él quien tenía el control de la organización de Juárez, sólo existían viejas fotografías suyas, por lo que desconocían su edad exacta. El halo de misterio que envolvía al sinaloense, propiciaba la circulación de un sin fin de rumores, algunos realmente fantásticos como increíbles.

Los agentes de la DEA decían, por ejemplo, que era un "monstruo", "el presidente del país", "el hombre que realmente mandaba en México"; los narcos colombianos, decían que era "un *compadre* impresionante, al que le volvían loco las mujeres, el alcohol y la cocaína"; "un hombre que cuando está borracho es extremadamente violento y no respeta nada ni a nadie".

Tal vez por la falta de información real o por temor –desde el anonimato, Amado se había dedicado a desaparecer toda información relacionada con él y su familia–, los siempre avezados periodistas poco se animaban a escribir sobre él o de sus correrías ilícitas.

De Escobar, en cambio, todo mundo sabía hasta los más mínimos detalles. No sólo se conocía su rostro, sino el de toda su familia. Como político, aparecía con frecuencia en la televisión en eventos públicos, algunas veces acompañado de su familia completa.

Amado nació el 17 de diciembre de 1956 en Guamuchilito, un pequeño pueblo del municipio Navolato enclavado en la sierra de Sinaloa, a pocos kilómetros de Culiacán, donde los narcotraficantes levantaban sus residencias de mármol al lado de las miserables casuchas de cartón y adobe del resto de sus habitantes, tan paupérrimos y tristes como sus moradas.

La versión oficial cuenta que, a la edad de cuarenta y un años, Amado Carrillo Fuentes falleció durante la madrugada del 4 de julio de 1997 en una clínica de la ciudad de México, luego de someterse a una extensa cirugía plástica para cambiar la apariencia de su rostro.

La DEA, que lo consideraba un narcotraficante con actitud más empresarial que delictiva, identificó un cadáver con el rostro desfigurado a través de sus huellas dactilares en un viejo formulario de inmigración. Pero se dice que las pruebas deliberadamente fueron incompletas, ya que el cuerpo exhibido como el de Amado, en realidad era el de Jorge Francisco Palacios Hernández, *El Chiquilín*, un miembro del cártel de Juárez con un extraordinario parecido a su jefe.

Los rumores de la calle y hasta la letra de algunos corridos, que se cantan o escuchan en las rockolas de las cantinas del noroeste del país, insisten en que *El Señor de los cielos* llegó a un acuerdo con las autoridades de México y Estados Unidos para colaborar y salvar su vida.

Dicha versión se fortalece por el hecho de que cinco meses antes de que Amado fuera declarado "muerto", fue detenido y encarcelado el general Jesús Gutiérrez Rebollo a quien, con el apoyo de Washington, en diciembre de 1996, el gobierno mexicano nombró jefe de la lucha contra el narcotráfico en México. Pero menos de tres meses después, en febrero de 1997, lo destituyó y encarceló al descubrir que, como muchos otros altos mandos castrenses, también aparecía en la gruesa nómina de Amado. Como el general Gonzalo Curiel García, por ejemplo.

Desde que encabezó al cártel de Juárez, en efecto, la fortuna siempre sonrió a Amado. Tanto él como su familia contaron con la protección de efectivos del Ejército, así como de las policías estatales y federales (como el comandante de la PJF, Guillermo González Calderoni; y Alejandro Rostro Almaguer, comandante de la Policía Federal de Caminos, por ejemplo). Tanto a él como a su familia, estos elementos los cuidaban durante los viajes que realizaban en México y en extranjero.

La inesperada como sorpresiva caída del general Gutiérrez Rebollo (considerado el principal protector del jefe de la organización de Juárez), aceleró los planes de Amado de cambiar su identidad y fingir su muerte, para dejar de ser buscado y perseguido, como lo venía siendo en los últimos meses no sólo en México, sino en todo el mundo.

Es decir, Amado aplicó a pie juntillas aquello de que: "La mejor manera para dejar de ser buscado, es desaparecer frente a quienes te persiguen... o hacer creer a todo el mundo que moristé".

---0---

En 1997, Amado se había convertido no sólo en el sucesor o heredero del imperio de los jefes colombianos del cártel de Medellín

(Escobar Gaviria, Rodríguez Gacha, los Ochoa y Lehder Rivas), sino también de los hermanos Miguel Ángel y Gilberto José Rodríguez Orijuela, y José Santacruz Londoño, jefes del cártel de Cali, por lo que pronto se convirtió en el más importante narcotraficante del mundo.

Para ese año, la DEA lo responsabilizaba de introducir el sesenta por ciento de la cocaína que se consumía en el territorio norteamericano y del ochenta y cinco por ciento del tráfico de drogas en México. Sus ingresos semanales los calculaba en ¡doscientos millones de dólares!

Pero el vertiginoso ascenso de Amado no se logró de la noche a la mañana. Por el contrario, tuvo que recorrer un largo y sinuoso camino repleto de traiciones y asesinatos; llegó después de años de estar en el negocio y como consecuencia de evidentes componendas y complicidades con destacadas figuras de la política, la milicia, la Policía y del sector empresarial, bancario y financiero (como Juan Alberto Zepeda Méndez, José Luis Sánchez Pizzini, Jorge Hurtado Horcasitas, todos relacionados con el desaparecido Banco Anáhuac, de Carlos Cabal Peniche, como se verá en capítulos posteriores).

Desde luego, también por su audacia e innata inteligencia y visión para los negocios ilícitos.

Claro que el sinaloense no lo logró solo. Hizo a su grupo, el de Juárez, el más poderoso cártel de México con la ayuda de Ramón Alcides Magaña, *El Metro*, enlace con los colombianos; su hermano Vicente Carrillo Fuentes, *El Viceroy*, encargado de los cargamentos de la droga y responsable de la seguridad de toda la organización y, en especial, la de Amado.

En ese organigrama de jefes también destacó Ernesto Pulido, encargado de la plaza de Ciudad Juárez y hombre de confianza de Amado; Nicanor Loya, responsable de Sonora; Jaime Olvera Olvera, responsable de la ciudad de México (tras la "muerte" de Amado y convertirse en testigo protegido de la PGR, para declarar en contra de sus antiguos compinches, sería asesinado).

Hombre fuerte de Amado, sin duda lo fue González Quirarte, *El Flaco*, quien además de responsable de la plaza de Guadalajara era el encargado de las relaciones públicas del sinaloense. Fue él quien acercó al general Gutiérrez Rebollo a la organización de Juárez, para que brindara protección a Amado y declarara la guerra a sus enemigos, en especial a los Arellano Félix, jefes del cártel de Tijuana y acérrimos rivales.

Sumado a todo eso, se puede decir que el despegue de Amado se logró al aplicar y mejorar las estrategias que en su momento utilizaron los celebres Miguel Angel Félix Gallardo, del cártel de Guadalajara, y Juan García Abrego, del cártel del Golfo. Pero cuando lo logró, al contrario de lo que pudiera pensarse, continuó operando desde las sombras, como un gran empresario del narcotráfico protegido por y desde el poder.

De tal manera que por su audacia, astucia, habilidad e inteligencia utilizadas y demostradas, al sinaloense bien se le puede definir como la figura paradigmática o el estereotipo de la nueva generación de narcotraficantes.

Bajo los nombres falsos "Juan Carlos Barón", "Carlos Rodríguez" y "Armando Barrón", Amado actuaba como el mejor profesional de los capos de la droga. En sus informes, la DEA lo describía como "un hombre de negocios, un estratega". Un individuo que "si ordenaba el asesinato o la tortura, lo hacía por mera conveniencia económica, no por el gusto a la violencia o el olor de la sangre".

Características que en definitiva le ayudaron a penetrar y corromper aún más a muchísimas personalidades —conocidas y no tanto—, de la política, la milicia y la Policía, y de los sectores del dinero: el empresarial y el bancario.

Aún así, la captura del general general Gutiérrez Rebollo lo colocó de nuevo en la mira de los Estados Unidos, donde ya había un pedido de extradición para que se le juzgara en Florida y en Texas. En México se le acusaba, además, de haber ordenado la muerte de más de mil personas ejecutadas por sus matones reclutados entre las pandillas de ciudad Juárez.

---0---

Durante 1994 y los primeros meses de 1997 Amado y su médico personal (el colombiano Ricardo Reyes Rincón) y otro mexicano, ingresaron a Uruguay, Argentina y Chile (país este último donde tenía once propiedades y pretendía establecerse en definitiva), al menos una docena de veces, buscando dónde lavar su fortuna.

En Uruguay, la última ocasión que estuvo fue en el mes de febrero de 1997. Para ingresar a ese país, el médico colombiano exhibió un pasaporte mexicano a nombre de Arturo Hernández Cárdenas.

Tras de conocerse la "muerte" de Amado y sus inversiones en Sudamérica, en esos tres países hubo escándalo político y financiero; en Argentina se mencionarían los nombres de sus socios y algunos serían apresados; en Uruguay, después de que se revelaran sus inversiones, sería destituido el jefe de la Brigada Antidrogas, Roberto Rivero.

Desatado el escándalo, las autoridades de esos tres países aceptarían que sus territorios habían sido (o estaban siendo) utilizados para lavar dinero por un grupo encabezado por el empresario inmobiliario Nicolás Di Tulio, vinculado a la organización de Juárez y al ex presidente argentino Carlos Menem.

Los miembros de dicho grupo (que se hacían pasar como representantes de empresarios de Televisa), compraron campos en la provincia de Buenos Aires. Antes, Di Tulio y el veterinario Oscar Marinone ya habían adquirido propiedades en Mar del Plata, precisamente donde Amado vivió una temporada.

Tras de su "muerte", esos mismos personajes (a principios de 1998) adquirieron un departamento en el centro de Bahía Blanca y tres campos en dos localidades de la zona. Invirtieron alrededor de cinco millones de dólares en varios campos que totalizaban unas tres mil quinientas hectáreas ubicadas en la provincia de Buenos Aires, y un apartamento en Mar del Plata.

Por esos tiempos, Beatriz Llera, muy ligada a Nicolás Di Tulio, adquirió un chalet en Punta del Este a través de la Inmobiliaria Costábile. En realidad esta mujer representaba a Sasur SA, una inmobiliaria cuyo presidente Jaime Martínez Ayón, era buscado en varios países por sus vínculos con el cártel de Juárez.

Desde 1989 Punta del Este ya había sido el lugar elegido por el narcotráfico organizado para sus operaciones por Raúl Vivas, quien lavó desde Uruguay unos quinientos millones de dólares. Hoy cumple una severa condena en una cárcel estadounidense.

Año y medio después cayó Ramón Puente Patiño, un contador panameño que operaba para el cártel de Cali con la complicidad –entre otros– de Amira Yoma, cuñada del presidente Carlos Menem. Ella llevaba el dinero a la Argentina y a Punta del Este.

En diciembre de 1999, la justicia argentina procesó y remitió a la cárcel a Victoria Eugenia Henao Vallejo, viuda del jefe del cártel de Medellín, Pablo Escobar, y al contador Juan Carlos Zacarías, ex novio y socio de la viuda, en una maniobra para lavar quinientos millones de dólares.

Con el nombre falso "María Isabel Santos Caballero", la viuda de Escobar, en 1999, se vería envuelta en otros dos casos similares en Argentina.

---0---

Sólo con la finalidad de completar este interesante capítulo, agregaremos que el casi perfecto plan de Amado estuvo a punto de venirse abajo por una indiscreción de quién sabe quién. Aunque lo más probable es que haya sido por el *soplo* de uno de los inefables traidores de la PGR, al servicio de Amado.

Para no cansar al lector diremos únicamente que el capo no fue intervenido quirúrgicamente en el Hospital Médica Sur a las siete de la mañana del 5 de mayo de 1997, tal y como se había planeado inicialmente con el visto bueno de la dirección de dicho nosocomio, a cargo del doctor Misael Uribe Esquivel.

El responsable de la operación iba a ser el médico Javier Bordes Azar, jefe de cirugía y subdirector médico. Los dos galenos, astutos hombres de negocios de mediana edad, conociendo la identidad de *El Señor de los cielos*, se mostraron dispuestos a cooperar plenamente.

Pero se quedaron con un palmo de narices cuando, poco antes de la hora programada para llevar a cabo la cirugía plástica que le cambiaría el aspecto físico al jefe mafioso, un centenar de agentes federales de la PGR tomaron por asalto el nosocomio, en espera de sorprenderlo y capturarlo. Tres horas después, con las manos vacías, los detectives antinarcóticos se retiraron a bordo de una veintena de camionetas Suburban.

Cuando Amado fue puesto sobre aviso de que la PGR había sido enterada de sus planes, de inmediato los canceló. Se dirigió a su residencia, besó a su esposa y a sus hijos y vivió y siguió trabajando tranquilamente durante dos meses más. Pero luego demostró que no le habían vencido aún. Después de todo era el poderoso Amado. Se procuró otro hospital menos llamativo.

Se trataba de uno especializado en Ginecología y Obstetricia, El Santa Mónica, y tranquilamente, el viernes 4 de julio, allí se le cambió su aspecto físico.

La operación quirúrgica y la liposucción fueron completas; los especialistas Jaime Godoy, Ricardo Reyes Rincón y Carlos Humberto Ávila Meljem, eran profesionales que sabían a la perfección sus delicados trabajos.

Horas después, por la madrugada, envuelto en una sábana y en sigilo, cuatro hombres cargaban el rígido cadáver del primo de Amado (o de Jorge Francisco Palacios Hernández, *El Chiquilín*, según la otra versión ya comentada).

No sin dificultad lo condujeron a la suite destinada al sinaloense, la cuatrocientos siete, ubicada en el cuarto piso del nosocomio que por órdenes expresas, en esos momentos estaba desierto. Mientras tanto, vendado por completo del rostro, auxiliado y protegido por media docena de sus hombres, Amado fue llevado a una camioneta que esperaba en el estacionamiento del hospital Santa Mónica.

El lunes 7 de julio de 1997, el sol de la ciudad de México llenaba con su color cetrino de la mañana el amplio dormitorio de su suntuosa residencia. Los agudos dolores en su nuevo rostro y el abdomen le habían despertado, y al sentir la presencia de uno de sus hombres destinados a atenderle durante su convalecencia, le pidió un analgésico y que le leyera lo que informaban los periódicos sobre su "deceso".

Cuando el medicamento le hubo hecho efecto y se enteró que la PGR y la DEA confirmaban su muerte y hasta el director de la agencia antinarcóticos estadounidense, Thomas Constantine, se había permitido declarar que Amado "podrá haber escapado a la justicia terrenal, pero estoy seguro de que existe un lugar especial en el infierno para aquellos como él", el poderoso hombre se sintió maravillado de estar vivo.

---0---

Tres meses más adelante, el 13 de octubre de ese 1997, fue secuestrado el periodista de *Excélsior*, Rafael Pérez Ayala. Cuatro días más tarde, el 17, misma suerte corrieron los tres especialistas que participaron en la cirugía facial y la liposucción de Amado.

El cadáver del imprudente comunicador fue hallado el sábado 25 de octubre, con claras muestras de tortura y asfixia, en la cajuela de su automóvil, en el estado de México. Los cuerpos de los médicos Jaime Godoy, Humberto Ávila Meljem y Ricardo Reyes Rincón fueron encontrados adentro de tambos metálicos de doscientos litros en el kilómetro doscientos dos de la Autopista del Sol, México-Acapulco, el 3 de noviembre.

Otro *entambado*, pero en la carretera México-Cuernavaca, fue Fernando Pascual Vélez, director antinarcóticos de la PGR a nivel nacional. Su cuerpo fue hallado el martes 28 de octubre.

Antes de alcanzar la dirección antinarcóticos a nivel nacional, Fernando Pascual Vélez fue delegado en Chihuahua, donde realizó profundas investigaciones sobre los bienes inmuebles y las redes de comercialización del cártel de Juárez.

Tal vez por ello, de la boca del cadáver los médicos extrajeron una enorme bola de papel que tenía alojada en la garganta. Sabía mucho sobre la organización de Amado.

---0---

Hoy, a dieciocho años de distancia de aquellos tan comentados hechos, en la ciudad de Nueva York, un hombre oriundo del pequeño pueblo Guamuchilito, Navolato, que ya pisa los sesenta años, sufre los dolorosos embates de un cáncer terminal.

Quienes le atienden y conocen parte de su azarosa, pero extraordinaria existencia, murmuran que la justicia terrenal burlada no podría ser más terrible.

---0---

Ciertas o no estas versiones, *El Señor de los cielos* dejó de ser el rey del narcotráfico internacional.

Tras de su fingido o real "fin", los cárteles mexicanos comenzaron una sangrienta e interminable guerra, en busca de ocupar el vacío dejado por el hombre que se crió en la sierra y comenzó en el negocio cuidando las bodegas de su tío Ernesto Fonseca, *Don Neto*.

Del hombre que, al no haber concluido ni la escolaridad básica, podría calificarse como analfabeta, pero no un "pendejo", como dice un agente de la DEA que presume haber sido el individuo más cercano al sinaloense, considerado hasta hoy, en el submundo del narcotráfico, como el "jefe de jefes", incluso por los legendarios José Esparragoza Moreno, *El Azul*, y Miguel Ángel Félix Gallardo, *El Padrino*.

Dos viejos capos del narcotráfico, que merecerán capítulo aparte en esta interesante comedia humana.

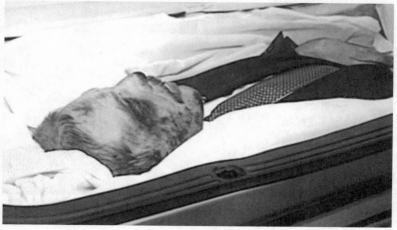

Cadáver presentado como el del jefe del cártel de Juárez

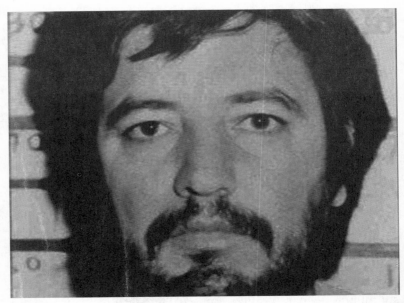

Amado Carrillo Fuentes, *El Señor de los cielos*

General Jesús Gutiérrez Rebollo. Relaciones peligrosas

La Brigada Blanca

(Continuación de la edición número dos)

···

Aunque oficialmente la Brigada Blanca se formó en 1972 y operó en los estados de Guerrero, Sinaloa, Chihuahua, Nuevo León, Jalisco, Puebla y Morelos, comenzó a operar durante la llamada *Guerra Sucia* desde 1968, en la administración del presidente Gustavo Díaz Ordaz.

Nació bajo el nombre de Brigada Especial, una especie de escuadrón de la muerte formado por militares y agentes seleccionados de diversas corporaciones policiacas estatales y federales, cuya sede era el Campo Militar Número Uno, donde tenían oficinas completamente acondicionadas, mobiliario, y alojamiento para ochenta personas.

Este grupo paramilitar, en realidad fue constituido por el gobierno federal para cazar activistas del movimiento estudiantil de 1968 y luego, en todo el país, para perseguir a miembros de las guerrillas, de los sospechosos de serlo, de sus amigos, y de sus familiares, ajenos o no a los movimientos guerrilleros de entonces.

Durante las décadas de los años sesenta y setenta, en México actuaban más de veinticinco distintas organizaciones guerrilleras, entre ellas el Movimiento de Acción Revolucionaria (MAR), las Fuerzas Armadas Revolucionarias del Pueblo, el Frente Urbano Zapatista y la Federación de Estudiantes Revolucionarios. La Liga Comunista 23 de Septiembre surgiría de la unión del Frente Estudiantil Revolucionario, los Enfermos de Sinaloa, el Comando Lacandones, Los Guajiros y miembros del MAR.

Ante las acciones guerrilleras de estos grupos, el gobierno respondió con la creación de la Brigada Blanca que, entre otros, estuvo integrada por Arturo Acosta Chaparro, Francisco Quiroz Hermosillo, Miguel Nazar Haro, Salomón Tanuz y Francisco Sahagún Baca.

La Brigada Blanca fue el instrumento para aplastar a las organizaciones armadas de esa época. Y en sus actividades tuvo un papel preponderante la Dirección Federal de Seguridad, hoy ya ampliamente conocida por quienes siguen este relato, como DFS, creada para brindarle información y protección al Presidente de la República en turno.

Es decir, la DFS primero se utilizó como instrumento de investigación, después de represión y persecución; finalmente, para mantener el control de los narcotraficantes y la delincuencia en general.

En la década de los setenta, a la cabeza de la persecución de los grupos guerrilleros estuvo de forma destacada Miguel Nazar Haro, quien había sido preparado en la Escuela de las Américas en la cual el Pentágono había entrenado a las fuerzas de seguridad de los países latinoamericanos.

Con esta preparación, para el año que ahora hablamos, 1979, Nazar Haro ya se había convertido en un contacto indispensable para las oficinas del FBI y de la CIA en México.

Nazar Haro era hombre invaluable para el sistema. Dominaba los hilos del poder y poseía un carácter implacable. Se manejaba con perfil bajo y discreto, pero era fulminante en sus acciones. Su estilo era reflejo fiel del aprendido, sin duda, de quienes fueron sus maestros y protectores en la misma DFS: Fernando Gutiérrez Barrios y Javier García Paniagua.

Nuestro personaje en cuestión era el tipo de policía que por proteger las estructuras del Gobierno, perseguía, torturaba y mataba sin compasión ni piedad, según versiones no oficiales.

Para 1979, su nombre se relacionaba con todo lo que sucedía en el Campo Militar Número Uno y efectuaba la Brigada Blanca, claves en la operación de exterminio que había emprendido el régimen encabezado por el presidente Díaz Ordaz y continuado por sus sucesores: Echeverría Álvarez y López Portillo.

Oficialmente, la Brigada Blanca nació con el nombre de Brigada Especial, para combatir a la Liga Comunista 23 de Septiembre en el área metropolitana de la ciudad de México. Su primera acción en contra de este grupo guerrillero fue ejecutada el 7 de junio de 1976, con un rastreo permanente en las zonas críticas del Valle de México.

Incluso planeó ofrecer cien mil pesos de recompensa a quienes delataran a los guerrilleros, y una campaña mediática que incluyera el anonimato absoluto, con la garantía de que no molestar al denunciante, y la promesa de brindar protección policiaca sin límite al denunciante y sus familiares.

Como ya se dijo, la Brigada Blanca la conformaban miembros del Ejército, la DFS, la PGR, la Dirección General de Policía y Tránsito (DGPyT) del Distrito Federal y la Procuraduría General de Justicia del estado de México, para "investigar y localizar por todos los medios, a los miembros de la llamada Liga Comunista 23 de Septiembre, con el propósito de limitar sus actividades y detenerlos".

La Brigada Especial (luego Brigada Blanca) estaba representada por una "Comisión de Seguridad" –encabezada por Nazar Haro–, integrada por los jefes de las diferentes corporaciones policiacas que la conformaban.

Nazar Haro designó como coordinador general de la Comisión de Seguridad al coronel Francisco Quiroz Hermosillo, quien dos décadas después, ya con el grado de general, sería encarcelado por sus presuntas relaciones con los jefes del narcotráfico (presuntas, porque tras de un largo y sonado proceso militar, no se le pudieron comprobar, al menos oficialmente, sus relaciones con la mafia del narcotráfico).

Quienes integraban la Brigada Especial fueron sometidos a un programa de entrenamiento tanto físico como psicológico, con un capítulo destinado a técnicas de aprehensión y registro, con cuatro especialidades: forma de efectuar una aprehensión; técnicas de registro; técnicas de interrogatorio; y conducción de detenidos.

También a un programa de entrenamiento que incluía: información y análisis sobre la integración, desarrollo y actividades de la Liga Comunista 23 de Septiembre; conocimientos sobre armamento y prácticas de tiro; técnicas de seguridad; entrenamiento físico y combate sin armas; comunicaciones y codificación; conducción de vehículos en patrullaje y conservación del equipo de trabajo.

También eran adiestrados en la fabricación de artefactos explosivos e incendiarios; técnicas de búsqueda y seguridad y neutralización de artefactos explosivos.

---0---

Los integrantes del grupo contaban con recursos ilimitados; disponían incluso de aeronaves, cincuenta y cinco vehículos, doscientas cincuenta y tres armas, principalmente Browning nueve milímetros.

Cada agente, sin importar si era militar o no, recibía compensaciones mensuales de tres mil pesos, y sus gastos generales eran "los que sean necesarios". Cada uno de ellos podía disponer de tres mil trescientos litros de gasolina diarios, que Pemex les enviaba a la gasolinería del Campo Militar número Uno; también contaban con setenta litros de aceite al día.

Para sus trabajos de rastreo en el Distrito Federal y los municipios conurbados del Valle de México, la Brigada Blanca estaba dividida en grupos operativos, integrados cada uno por dos vehículos con ocho elementos y una motocicleta con dos agentes que operarían conjuntamente en su área designada.

Contaba con tres grupos de localización y neutralización de artefactos explosivos, compuestos cada uno por cinco agentes y un vehículo. Cada grupo de acción lo integraban diez elementos con armamento especializado; los grupos de interrogadores lo componían cuatro agentes debidamente especializados.

El grupo aéreo operaba dos helicópteros de la DGPyT, por turnos: uno en el aire y el otro en alerta terrestre, durante horas de visibilidad, principalmente en las áreas críticas, como Cuautitlán-Zumpango-Tlalnepantla; La Venta-Ciudad Azteca-Ecatepec-Campestre Guadalupana-Santa Clara-Xalostoc; Cuchilla del Tesoro-Agrícola Oriental-Romero Rubio; Iztapalapa-Tláhuac-Churubusco; Coapa-Xochimilco-Tlalpan; Álvaro Obregón-Magdalena Contreras; Santa Fe-Olivar del Conde; Naucalpan-San Mateo-Atizapán.

Cada agente contaba con un verdadero arsenal para hacer frente a la guerrilla: dos cargadores para sus pistolas Browning, igual número para las carabinas M-1.

La dotación inicial de cartuchos fue de quince mil trescientos para pistola; treinta mil seiscientos para el adiestramiento; once mil para carabina que se usaban en los enfrentamientos con grupos de guerrilleros y once mil para usarse en el entrenamiento; dos mil setecientos cincuenta cartuchos para escopeta para uso en operaciones, y cinco mil quinientos para adiestramiento.

Ironías de la vida. Pero si bien el principal comando contraguerrillero del gobierno federal nació para combatir y eliminar a la Liga Comunista 23 de Septiembre, ésta continuó operando hasta 1990. En cambio la Brigada Blanca fue desintegrada o disuelta siete años antes, en 1983.

Se disolvió junto con DFS, al comprobarse las para entonces inocultables relaciones que ambas instituciones mantenían con los jefes del narcotráfico en todo el país.

Durante los casi tres quinquenios de lucha entre la Brigada Blanca y la Liga Comunista 23 de Septiembre, muchos de los guerrilleros fueron detenidos y desaparecidos, sin que jamás se supiera su paradero. Otros militantes y dirigentes de la Liga resultaron muertos como consecuencia de las purgas internas en la organización guerrillera, bajo acusaciones de desviaciones ideológicas o morales.

El último líder oficial de la Liga, Miguel Ángel Barraza García, *El piojo negro*, cayó muerto el 24 de enero de 1981, cerca de Ciudad Universitaria, por agentes de la Brigada Blanca. No obstante, la Liga continuó operando y desapareció, luego de un proceso de descomposición interna y de un cruento combate en su contra.

La Brigada Blanca en acción. Hasta películas hicieron de su peligrosidad

Fue clave en la operación de exterminio emprendida por el
Gobierno federal desde la década de los sesentas

Nace el cártel de Guadalajara

....

Desde Guadalajara, Miguel Ángel Félix Gallardo se convirtió en el hombre clave para la expansión del cártel de Sinaloa o del Pacífico y, paralelamente, la creación de otros grupos —como el de Guadalajara— que controlaban diversas partes del país.

Pero junto con su reconocida capacidad de liderazgo y creciente poder, Miguel Ángel también se había ganado fama de "tacaño". Se decía que jamás ayudaba a nadie y mucho menos a los antiguos vecinos de su pueblo natal: Bellavista. El único detalle que se le reconocía, era el millón de pesos que alguna vez donó para la biblioteca de la Universidad Autónoma de Sinaloa, cuando era rector el priísta Jorge Medina Viedas.

Tal vez por ello, poco antes de salir de Culiacán, sus paisanos honrados, así como algunos políticos de la oposición, inútilmente se habían quejado de la evidente impunidad en la que se movía y operaba.

Sin embargo, esos señalamientos le tuvieron sin cuidado. Siguió siendo un avaro y reuniéndose públicamente con sus cómplices del Gobierno; su imagen aparecía en los periódicos en las páginas de sociales y organizaba fiestas en su residencia de Altata, a las que asistían como invitados lo mismo altos jefes militares y policiacos que políticos del estado y hasta federales. Además, sus guardaespaldas eran agentes de la Policía Judicial.

Con la cabeza alta, y sin temor a ser molestado, solía frecuentar los lugares que acostumbraba, como la marisquería Chipps, en el boulevard Emiliano Zapata, donde por temor o respeto no le cobraban las viandas que consumía. Tal vez para huir también de esa "populari- dad", Miguel Ángel decidió empacar y salir de Culiacán, para mudarse a Guadalajara. No se sabe.

Lo cierto es que la decisión la tomó cuando sus amigos de la DFS le convencieron de las "bondades" del proyecto que ideó el entonces subdirector Nazar Haro, después de conocer a David Wheeler, el nar- cotraficante estadounidense.

En sus negras reflexiones, Nazar Haro había concluido que los tres agentes de la DFS y Wheeler, tenían la capacidad para llevar a cabo sus planes, pues aunque jamás lo habían realizado con los volú- menes que ahora pensaba podrían operar, sí tenían experiencia en el tráfico y la venta de los enervantes.

Así, amparados con sus respectivas credenciales policiacas, Este- ban, Daniel, Pablo y Wheeler comenzaron a viajar por todo el territo- rio nacional como "supervisores" de la DFS en la destrucción oficial de la droga confiscada por el Ejército y la PJF.

Wheeler evaluaba los decomisos y les ponía precio, analizaba las posibilidades de venderlos y se las comunicaba a sus tres compinches. Éstos a su vez hablaban con los jefes militares responsables de los decomisos y les hacían una irresistible oferta.

Como es de suponerse, la droga no era destruida. Entonces Whe- eler viajaba a los Estados Unidos para colocarla con el mejor postor. Después de cobrar, entregaba el dinero a Esteban Guzmán quien a su vez hacía lo mismo a Miguel Nazar. Negocio perfecto.

Cuando el subdirector de la DFS evaluó que estas mismas ope- raciones las podría realizar en mayor envergadura y hasta mejorarlas, pensó en Miguel Ángel y sus socios. Así que ordenó a sus tres hom- bres a sondear el asunto. Esteban Guzmán, Daniel Acuña y Pablo Girón Ortiz fueron a verlos.

Primero les propusieron que pusieran fin a la inútil violencia, que tenía escandalizada a la sociedad sinaloense y a nadie beneficiaba. Después les sugirieron que cambiaran su centro de operaciones: que salieran de Culiacán y se trasladaran a Guadalajara.

Y para asegurarles que con su mudanza todos saldrían beneficia- dos, les propusieron que se aliaran con la DFS, para juntos construir una "empresa" como jamás se había dado en el país ni el mundo entero, con sede en su nuevo domicilio: Guadalajara.

Convencidos de las "bondades" de ese plan, Miguel Ángel y sus socios aceptaron salir de Sinaloa y reubicarse en La Perla Tapatía. Semanas después, ya en Guadalajara, la DFS se encargó de conseguirles casas y asignarles guardaespaldas de la propia institución. Asimismo les proporcionó armamento que conseguía mediante el contrabando.

Así nació el complejo *narcoindustrial* jamás imaginado en México, encabezado y dirigido por Miguel Ángel. Sus socios de la DFS les proporcionaban las ideas de expansión, la coordinación y la protección contra los rivales y los mismos policías de otras corporaciones ajenas al perverso pacto.

La increíble alianza fue todo un éxito, al extremo que los principales socios de la naciente *narcoindustria* —como en los grandes consorcios empresariales legales— con regularidad sostenían reuniones de "trabajo" en la ciudad de México, en las que se tomaban estrategias a seguir.

En dichas reuniones se acordó, por ejemplo, atacar a los grupos ajenos a la "empresa"; que la DFS sólo revendería a sus socios la droga confiscada por la Judicial Federal, el Ejército y la DEA; que la DFS adquiriría los camiones para transportar los alcaloides. Mientras que los sinaloenses proporcionarían los chóferes que los operaran hasta los estados sureños del territorio norteamericano.

No resulta ocioso mencionar que al día se cargaban diez o doce camiones —principalmente pipas—, con tres o cinco toneladas de mariguana cada una. Para evitar posibles robos, estos pesados vehículos transitaban custodiados por media docena de agentes federales armados con metralletas.

Para el mejor manejo del negocio, además de un escuadrón de matones a sueldo, la DFS tenía un grupo de contadores que *lavaba* el dinero destinado para los sobornos de políticos, militares y policías corruptos, a los que, por las dudas, se les hacía saber que conocían su expediente personal, lo mismo que el de sus familiares.

El negocio floreció y enriqueció en grande a los dos Migueles y a sus principales socios aún después de diciembre de 1982, cuando Nazar Haro fue sustituido en el cargo por uno de sus más destacados alumnos: el joven político hidalguense, José Antonio Zorrilla Pérez.

Miguel Ángel Félix Gallardo. Liderazgo

Credencial de la DFS

Estandarte de la DFS. Un tigre, su emblema

Casimiro Campos Espinosa, *El Cacho*

··

Amediados de los años sesentas, Matamoros era una ciudad pequeña: apenas rebasaba los ciento cuarenta mil habitantes.

Los muchachos nacidos en esa ciudad fronteriza de Tamaulipas, como todos los del México de entonces, de doce o catorce años, gozaban con la música inglesa de los Beatles, los Rolling Stones y de cuanto grupo famoso del momento; para otros sus ídolos eran Enrique Guzmán, Angélica María, Alberto Vázquez, César Costa, Manolo Muñoz u Óscar Madrigal.

La euforia juvenil por la música inglesa, estadounidense y mexicana era mucha, lo mismo que el gusto por el cine. Y si a los adolescentes de aquella ciudad fronteriza les agarraba la noche, sin temor regresaban a sus hogares caminando por la Calle Sexta, hasta la placita Benito Juárez. Nadie los molestaba.

Los chiquillos concluían sus estudios primarios y hasta de la secundaria, bailando un vals, en armonía y tranquilidad. Nada alteraba el orden. Eran los años en los que los que el estado de Tamaulipas era gobernado por Praxedis Balboa, y los mayores sobresaltos consistían en enterarse, de "oídas", de algunas balaceras entre diferentes familias de Matamoros y Valle Hermoso, por la posesión de tierras. Pero eran asuntos que los muchachos no comprendían, ni les interesaba hacerlo.

La ingenuidad o inocencia era tanta que, incluso, a los más pequeños sus padres los asustaban con eso del "Coco". Desde luego que no faltaban algunos hechos violentos que escandalizaban a la gente menuda, que se santiguaba y exclamaba cosas como estas:

—¡Qué barbaridad!, el que lo hizo no tiene temor a Dios!

O el clásico:

—¡Dios nos agarre confesados!

Fuera de esos hechos violentos aislados, en Matamoros había relativa calma. En el verano, la gente dormía en sus casas con las ventanas abiertas de par en par. Las puertas y ventanas no tenían rejas. La gente platicaba, en las mecedoras, hasta ya entrada la noche, escuchando la radio, en lugar de ver la televisión que ya transmitía programación estadounidense.

Por esos años se desplomó el precio internacional del algodón y en Tamaulipas se dejó de sembrar la fibra. Las despepitadoras comenzaron a cerrar, igual que los molinos de aceite. Fue cuando los campesinos y los pequeños propietarios optaron por sembrar sorgo y maíz.

Para 1970, Matamoros cuenta ya con casi ciento ochenta y siete mil habitantes, y comenzó a experimentar el *boom* del crecimiento sostenido por el arribo de las maquiladoras. En ese tiempo, no se hablaba de "crimen organizado" o "delincuencia organizada". La gente caminaba por las noches tranquilamente, sin temor a ser molestada.

A principios de esa década, en Matamoros floreció La Zona Rosa, famosa por sus centros nocturnos, por su música, por su ambiente y por la seguridad que ofrecía a sus visitantes. A los turistas les gustaba escuchar mariachi en La Casita; pero los muchachos locales preferían visitar a las mujeres del Golden House.

Aunque la banda de Casimiro Campos Espinosa, *El Cacho*, comenzaba a hacer de las suyas, la ciudad era alegre. Matamoros todavía se consideraba una ciudad tranquila, a pesar de que el censo poblacional del INEGI ya registraba una población cercana a los doscientos mil habitantes. Tranquilidad que se alteró el 26 de junio de 1978, por una necedad.

Resulta que el alcalde Antonio Cavazos Garza, lejos de escuchar el clamor popular, se empecinó en sostener en su cargo al inspector de policía Emiliano del Toro Farías, a quien la gente responsabilizaba de la muerte del muchacho de quince años Salvador Barrios Barba, estudiante de una secundaria de la colonia Mariano Matamoros. Ante la necedad del alcalde, la enardecida población incendió el Palacio

Municipal y varios comercios más. Capturó y casi en vilo llevó hasta el kiosco de la Plaza Miguel Hidalgo al alcalde Cavazos Garza, para que públicamente se cesara y consignara al policía homicida.

—¡La destitución de Emiliano, que me lo pida el pueblo! —dijo el ignorante edil, puesto que precisamente era el pueblo quien se lo exigía.

En respuesta, la muchedumbre le lanzó piedras e intentó capturarlo, para sabrá Dios con qué intenciones. Por fortuna Cavazos Garza fue rescatado por sus colaboradores, al escurrirlo por el Café Emir, ubicado a un costado de la Plaza Hidalgo, y ocultarlo en un despacho de abogados.

—¡Va a salir por el PRI! —gritaba a una sola voz la enardecida multitud, que para impedirlo se trasladó hasta donde el PRI municipal tenía sus oficinas, a un costado del Teatro de la Reforma.

La turba lapidó el inmueble. Regresó a la plaza e hizo lo mismo con el Palacio Municipal. Fuera de control, incendió algunos negocios y los juzgados y agencias del Ministerio Público asentadas en el edificio de la cárcel municipal. Los violentos, como extraordinarios hechos, fueron la comidilla tanto a nivel local, estatal y nacional durante algunas semanas.

Para 1980, la población de Matamoros ascendía a casi doscientos treinta y nueve mil habitantes, por lo que el número de colonias aumentó de manera considerable. El principal factor al que se le atribuye el crecimiento poblacional fue la llegada y luego expansión de la industria maquiladora, que en aquellos años ofrecía buenos sueldos a sus trabajadores. Este hecho, provocó la llegada de miles de personas procedentes de los estados de San Luis Potosí, Nuevo León, Veracruz, Coahuila, Zacatecas, incluso del mismo Tamaulipas.

Ese año, 1980, Jorge Cárdenas González, hermano del gobernador Enrique Cárdenas González, renunció al PRI, y una coalición de partidos lo nominó su candidato a la presidencia municipal. La contienda fue en contra del priísta Francisco Cobarrubias, candidato impuesto por nuestro ya conocido Juan N. Guerra, el principal cacique de la región.

Ese mismo año, el presidente López Portillo prácticamente obligó al doctor Emilio Martínez Manautou, secretario de Salubridad y

Asistencia, a dejar el gabinete presidencial para buscar la candidatura al gobierno de Tamaulipas. Sin ningún problema Jorge Cárdenas ganó la presidencia municipal de Matamoros, cuya población estaba irritada por la falta de obras públicas y porque la delincuencia iba en crecimiento y nadie, parecía, quería o podía frenarla.

En esos mismos meses, para sorpresa y temor de los tranquilos habitantes de Matamoros, empiezan a registrarse cruentos enfrentamientos entre diferentes grupos de pistoleros, y se incrementa el robo de autos lo mismo que el tráfico de drogas, en especial la mariguana. La Policía Judicial Federal disimula, y las autoridades municipales y estatales, también.

—Es asunto federal —dicen las autoridades municipales y estatales, lavándose las manos, en alusión al creciente narcotráfico.

Meses después, en 1981, Martínez Manautou gana la gubernatura y el PRI reconoce el triunfo de Jorge Cárdenas González, y es nombrado alcalde de Matamoros.

---0---

Para calmar la irritación ciudadana por el creciente robo de autos en la ciudad, como primera medida de su gestión, el nuevo alcalde de Matamoros, Jorge Cárdenas González, ordena al jefe de la Policía, el capitán Álvaro Cerón Álvarez, que cite en la presidencia municipal a Casimiro Campos Espinosa, *El Cacho*. Quiere hablar con él.

El alcalde sabía todo cuanto había que saber de aquel temible individuo de rostro aniñado, cuya evidente tartamudez no había sido obstáculo para ser temido en el submundo de Matamoros. Se había abierto camino a través de la violencia y el dinero malhabido que repartía entre algunos jefes policiacos de la región, incluyendo a los de la DFS comisionados en Matamoros. Todo mundo sabía a qué se dedicaba.

Su fama de asesino había despegado en 1975, al quitar de en medio a Rubén Galván Bochas, un delincuente de poca monta, cuando éste festejaba el éxito de su más reciente "negocio", en la cantina El Pullman, que esa tarde no estaba muy concurrida.

Rubén tomaba su enésimo whisky en la barra cuando llegó Casimiro y se colocó a su lado, al tiempo que, del modo más natural, exigía su bebida preferida al cantinero:

—Dame un whisky (tartamudeando).

Al escuchar el inconfundible tartamudeo de Casimiro a su lado, a pesar de los tragos ingeridos, Rubén se sobresaltó, al igual que el resto de los pocos parroquianos.

Fingiendo un aplomo que no sentía, el cantinero tomó un vaso grande de vidrio de la barra y sirvió la bebida.

Rubén, sorprendido por la inesperada irrupción de Casimiro, temeroso de lo peor, no pudo pronunciar palabra cuando le vio beberse de un solo trago el ambarino y cálido líquido. Sintió como en la garganta se le atascaba una gruesa masa de saliva, al observar que de la cintura *El Cacho* sacaba una nueve milímetros pavonada, para al instante dispararle a quemarropa cuatro veces consecutivas:

—Adiós...mi'jito —fue lo primero y lo único que le dijo, tartamudeando su asesino que, al instante, pero sin prisas, abandonó el lugar.

—¡Fue *El Cacho*! —dirían poco después los testigos presenciales a los policías judiciales que al poco rato llegaron bajo las órdenes del comandante Juan Rincón, junto con el agente del Ministerio Público, para que diera fe del crimen ocurrido en la cantina El Pullman,.

Días más adelante, acompañado y bien asesorado por su abogado Agapito González Cavazos, Casimiro, *El Cacho*, se entregó a la justicia. Al llegar, sin ningún pudor, no pocos policías de la Judicial y la Preventiva fueron a saludarlo, como viejos amigos. *El Cacho* permaneció tras las rejas, sólo el tiempo suficiente que utilizó el hábil defensor para "demostrar" que su cliente había actuado en "defensa propia".

—Los balazos fueron frente a frente: ¡como los hombres! —dijo en sus conclusiones el licenciado Roberto Mata Quintero, que se había sumado a la defensa de Casimiro, con su colega Agapito González Cavazos.

Cuando fue liberado Casimiro, su fama como matón ya había trascendido las fronteras de Matamoros.

En otra ocasión, a su casa de Matamoros —entre las calles de Ocampo, la Dos y la Tres— llegó un hombre procedente de la ciudad de México, para finiquitar un negocio de mariguana. Completamente bajo el influjo de las drogas, que para entonces ya consumía en grandes dosis, Casimiro le metió un balazo en la frente porque éste le llamó "ingeniero", en lugar de "licenciado", como a él le gustaba le dijeran.

El cuerpo del olvidadizo visitante fue rescatado de las aguas del río Bravo, a donde el matón arrojaba los cadáveres de sus víctimas.

Una más. Durante una fiesta organizada en su casa en la que había policías uniformados como invitados, *El Cacho* pidió a tres de sus secuaces que le llevaran a un rival que recién habían detectado los patrulleros invitados.

—Me lo traen ahorita (tartamudeando) —ordenó.

Momentos después, los tres secuaces llevaron al rival hasta el patio de la casa, donde Casimiro les esperaba. Amagado por las armas de sus captores, el hombre iba asustado. Sudaba copiosamente por todo el cuerpo, y se le fue la respiración al ver que *El Cacho*, sonriendo, dejaba su asiento y caminaba hasta él, apuntándole con su nueve milímetros pavonada, mientras le decía:

—(tartamudeando) Ahora sí me la vas a pagar, oritita.

—¡No me mates, *Cachito*, somos amigos! —balbuceó, aterrorizado, el hombre.

—(tartamudeando) Con que mi amigo, ¿ no? —replicó Casimiro, mientras accionaba su arma y le metía cinco balazos en el cuerpo. El hombre cayó muerto al instante, bañado en sangre, junto al asador donde esperaban gruesos trozos de carne.

Luego, con voz pastosa y su habitual tartamudez, el matón invitó a sus amigos a seguir la fiesta. El cadáver, ya entrada la noche, sería arrojado al río Bravo.

Así, protegido por las autoridades municipales, estatales y el disimulo del coordinador de Agencias del Ministerio Público Federal en Tamaulipas, Carlos Aguilar Garza, *El Cacho* era el jefe de la banda de delincuentes que desde los últimos cinco años asolaban la región. Sus ingresos ilegales se basaban en el robo de autos, el homicidio, el asalto a transeúntes y, aunque en poca monta, el tráfico de enervantes.

El nuevo alcalde de Matamoros, Jorge Cárdenas, sabía que Casimiro aumentaba sus ingresos ilícitos mediante los trabajos especiales que realizaba para Juan y su tío don Juan, *El Padrino de Matamoros,* socios de Aguilar Garza en el negocio de las drogas. Le pagaban cien mil dólares, por cada *trabajo especial*.

Casimiro, pues, era un individuo de cuidado, peligroso. Y como tal lo trató, una vez que el capitán Álvaro Cerón le llevó hasta él, en su despacho de la presidencia municipal.

—Oiga *Cacho* —dijo el alcalde con voz grave desde atrás de su mesa de trabajo, después de saludarlo, sin el respectivo apretón de manos, y pedirle al capitán Cerón Álvarez estuviera presente, por las dudas—, la ciudadanía ya está harta de tantas muertes y robo de autos... Es intolerable todo esto, ¿no lo cree usted así?

En el mundo de *El Cacho*, las medias tintas no contaban en los asuntos de *trabajo*, aunque, claro está, era diferente cuando ello podía afectar la cuestión financiera. Tal vez por ello, aunque sin ningún asomo de respeto, con su habitual tartamudeo se limitó a decir:

—Tiene usted razón, señor. Le prometo que eso acabará y...

—Oiga mi amigo —le interrumpió bruscamente el capitán Cerón—. Me parece una falta de respeto que usted esté armado frente al señor presidente municipal.

Por vez primera pareció asombrarse Casimiro. Aunque encontraba inconcebible que por tales trivialidades se le interrumpiera.

—(tartamudeando) Tiene razón, capitán —contestó, al tiempo que desenfundaba la nueve milímetros pavonada que llevaba en la cintura y la entregaba a Cerón. Luego, con su tartamudez habitual, agregó—: Le prometo, señor presidente, que no habrá más muertos. Ni robo de carros.

Cuando Casimiro cerró la puerta detrás de él y el capitán Cerón le devolvió el arma, el nuevo alcalde Matamoros lanzó un ligero suspiro de alivio. Aquél individuo le ponía nervioso. Aunque joven, era un hombre sumamente violento y siempre dispuesto a vaciar la nueve milímetros en contra de quien se interpusiera en su camino. Habría que andarse con cuidado.

Por un tiempo, en efecto, los asesinatos y los robos de autos descendieron considerablemente. Esa relativa calma, durante el trienio de Jorge Cárdenas González, permitió que las inversiones llegaran a Matamoros y por ende se crearan nuevas fuentes de empleo.

Pero la culebra del narcotráfico ya reptaba por el noreste del país.

Agapito González Cavazos. Abogado   Jorge Cárdenas González. Dejó el PRI

Calle de Ocampo, en Matamoros

Catedral de Matamoros. Tiempos idos

Rafa García y *El Cacho*

....

Como casi todas las noches, el enjuto *doctor* de esquina estaba a la mitad de aquella calle de una populosa colonia de Matamoros. Tendría unos veinte años, pero parecía como de cuarenta, como si la droga le hubiera chupado la juventud y dejado un rostro amarillento. De muerto.

En la mano izquierda tenía una cajetilla de Marlboro, en la que hurgó y sacó el último cigarrillo que se llevó a los labios y temblorosamente encendió con un Bic desechable. Dejó caer a la acera el envoltorio vacío, exhaló con fuerza el humo y se atusó los ralos bigotes. Levantó la mirada hacia la luz mortecina del alumbrado público y le pareció que ya era tarde y el negocio no estaba bueno, como antes de entrar a la rehabilitación.

Algo murmuraba a los adictos que se acercaban en busca del *pase*, y a los jóvenes que pasaban en grupos. Confiaba que el negocio mejoraría. Conseguiría que sus viejos clientes regresaran y reclutaran otros, porque lo que sobraba en ese barrio eran desgraciados que recaían después de la rehabilitación.

—Mañana estará mejor —murmuraba.

A unos cien metros de distancia, a bordo de un automóvil de reciente modelo, estaban dos hombres de Matamoros.

Los dos eran altos y robustos. El más grueso, gordo podría decirse, era Casimiro Campos Espinosa, *El Cacho*. Tendría unos treinta años, casi un metro ochenta de estatura, tez blanca y un rostro como de niño grandote. Un lado de su frente la cubría un pelo castaño y lacio pelo, donde aparecía una especie de mechón blanco; sus ojos eran pequeños, pero feroces; dentadura fuerte y blanca; sus labios eran delgados y retraídos, donde parecía anidar una sonrisa de cólera y desprecio hacia la vida misma.

El otro era Rafael, *Rafa*, García, unos dos años mayor que *El Cacho*, y pistolero de Juan García Ábrego.

En aquel tiempo, *El Cacho* era el pillo más conocido y temido en la ciudad de Matamoros: controlaba el robo de vehículos desde Estados Unidos, sobre todo las camionetas Bronco, que vendía a militares de alto rango, comandantes y agentes federales. Encabezaba a unos treinta jóvenes que conformaban su peligrosa pandilla que actuaba con la protección de jefes y ex jefes policiacos, entre ellos Valentín Lara, *El Vale*, un individuo de cuidado del que hablaremos en otro capítulo más adelante.

El Cacho era un asesino nato; disfrutaba martirizar antes de ejecutar personalmente y delante de todos a sus víctimas, para infundir más temor entre sus no menos peligrosos compinches. Se decía que para entonces tenía en su haber más de cuarenta muertes. Durante los últimos meses, además del robo de vehículos, intercambiaba armas por mariguana que traía de Oaxaca, Guerrero y Veracruz, aunque sin organización alguna.

Mientras no se drogara, a Casimiro sus compinches lo consideraban un pillo simpático y hasta generoso. En no pocas ocasiones, el botín de sus fechorías se los repartía por completo y él se quedaba sólo con una mínima parte. Parecía que cometía sus desmanes sólo por su gusto a la violencia y el olor a la sangre, y no tanto por obtener dinero.

Esa noche, Casimiro y *Rafa* García, en el asiento delantero, bebían en silencio una cerveza, y a través del parabrisas de vez en vez miraban al avejentado vendedor de droga.

Por la calle pasaban ruidosos grupos de muchachos o parejas de enamorados que, abrazados o tomados de la mano, sonreían y se hablaban en voz baja, y uno que otro obrero ensimismado en sus problemas. En el enrarecido ambiente nocturno, persistían los tufos de aires rancios.

Los dos hombres de Matamoros, conocían esos rumbos, a los vecinos, y a la mayoría de los *doctores* de esquina (vendedores de droga al menudeo). Sabían que con los años, el lugar se había llenado de vagos y viciosos, convirtiéndolo en un sombrío barrio muy parecido al de las grandes urbes.

El hecho de que el enjuto vendedor hubiese entrado a un centro de rehabilitación, era el único motivo por el que lo habían dejado vivir hasta esa noche.

Los dos hombres apuraron el resto de sus cervezas, y por el hueco de las ventanillas arrojaron las latas vacías a la sucia calle.

Sin decir nada, Casimiro sacó de la guantera una pistola de grueso calibre, y dándose la media vuelta por sobre su lugar la depositó encima del asiento trasero, exactamente detrás de *Rafa* García, que era el conductor. Luego se apeó del vehículo e inmediatamente se trepó por la puerta trasera en busca de la pistola. Bajó por completo el cristal de su ventanilla, y pidió a *Rafa* que condujera lentamente. *Rafa* echó a andar el motor y deslizó despacio el auto en dirección al sentenciado.

–Pá…párate fren….frente a él –dijo Casimiro, que era tartamudo de nacimiento.

El auto paró cerca del joven-viejo, con el motor en marcha. El enjuto individuo los miró un momento, sin reconocerlos, y sonrió. Se acercó. Levemente se inclinó entre las dos ventanillas y dijo algo en voz baja a Casimiro que tenía el brazo izquierdo apoyado en el borde de la ventanilla.

Casimiro alzó ligeramente la pistola que firmemente tenía en la mano derecha, y jaló el gatillo: La metálica boca escupió, en rápida sucesión, tres fogonazos acompañados de tres estruendos sordos.

Antes de que el joven-viejo saliera de su asombro, con el pecho perforado saltó despedido hacia atrás, como si una mano invisible le jalara por la cintura violentamente. Cuando su desnutrida humanidad tocó tierra, ya era un muerto con los ojos abiertos.

Tras las detonaciones, *Rafa* García pisó con fuerza el pedal del acelerador y el vehículo salió disparado. Casimiro, sin prisas, colocó la poderosa arma entre sus dos piernas, a su alcance, por las dudas. Ninguno de los dos habló hasta que llegaron al centro de Matamoros.

–(tartamudeando) Para como se veía, ese m'ijito no necesitaba ayuda para morirse –dijo Casimiro mientras de uno de los bolsillos de su pantalón, sacaba un pequeño envoltorio de plástico transparente con cocaína. Con la punta de un pedazo de papel periódico extrajo una porción y la inhaló con fuerza por cada una de sus fosas nasales. Dos veces más repitió la operación –¿Quuu…é pedo con ess…se? –preguntó a *Rafa* García al tiempo que le ofrecía el envoltorio con droga.

Con movimientos de cabeza, *Rafa* García declinó la invitación. Hizo una mueca y se encogió de hombros con enfado.

–¡Y yo que sé!

– (tartamudeando) Aunque se veía como cualquier otro, ti ti ttiene que ser alguien, o no nos hubieran llamado a nosotros ¿no crees?

Rafa García guardó silencio, luego habló, y en su voz había algo más que frustración.

–No es que me queje, no nos va mal. Pero para Juan o su tío no hacemos nada importante.

Casimiro vio por la ventanilla. Luego miró con irritación a su cómplice, y movió la cabeza negativamente, despacio, como sopesando sus palabras.

–(tartamudeando) Lo de los carros, es bueno, lo de la yerba también. Lo que hacemos para Juan o el viejo, sólo es diversión.

Rafa García no dijo nada, sólo rumió algo.

Casimiro inhaló profusamente otras porciones de cocaína y entornando los párpados se recostó sobre el asiento. Sus ojos vidriosos y amarillos, no tardaron en mostrar los fuertes labios de la dulce droga, mientras *Rafa* García seguía conduciendo.

Estaban todavía en los terrenos del centro de Matamoros, cuando *Rafa* García, sin dejar de conducir, pareció animarse. Miró a Casimiro con una sonrisa y le sacó de su ensoñación para preguntarle:

–Oye, Casimiro, ¿qué te dijo el muertito?

–¿Qui…quién?

–¡El muertito, hombre!

–¡Ah! –Casimiro profirió una risa ahogada por la burla, luego, aunque tartamudeando repitió las últimas palabras del joven-viejo–: "Cu…cu…ántas y…y… de a có…cómo, mi…mi rey...".

Al escuchar la frase, *Rafa* García soltó una sonora carcajada y Casimiro también. Así, burlándose de su fechoría, los dos viajaron otro buen trecho. Casimiro bajó la ventanilla, asomó la cabeza y lanzó un grueso escupitajo a la negra noche.

Medicina de los *doctores* de esquina (vendedores de droga al menudeo)

En un sombrío barrio de Matamoros, muy parecido al de las grandes urbes

Juan, *La Muñeca,* y *El Cacho*

....

H ijo de Estela Ábrego y Albino García, *La Chacha* y *El Chacho*, el niño Juan García Ábrego nació el 13 de septiembre de 1944 en el rancho La Puerta, del ejido El Soliseño, una ranchería ubicada a veintidós kilómetros de Matamoros fundada en 1766 por don Juan José Solís, su esposa doña María Gertrudis Hinojosa y sus diez hijos, originarios de Camargo.

Los Solís Hinojosa abandonaron Camargo, debido a los frecuentes robos de ganado los que eran víctimas por parte de los indios provenientes del norte. A donde fundarían El Soliseño, los Solís Hinojosa encontraron terrenos propicios para sus actividades ganaderas y agrícolas: agua abundante, pastos magníficos y un bastísimo lugar para cosechar, con relativo trabajo de desmonte.

Como no es la intención de esta novela humana remontarnos hasta los propietarios originales de esas tierras, que les fueron concedidas por el Virrey de la Nueva España, sólo diremos que los Solís Hinojosa de inmediato contactaron a éstos y acordaron el precio de las mismas. Con el derecho de propiedad en sus manos, enseguida construyeron su casa en lo que hoy es el lado norte de la población, y con más empeño se dedicaron a sus labores de agricultura y ganadería como en su pueblo natal.

Más adelante llegaron familias de otras regiones (como los Barrio, Salinas, Valdez, Cantú, García y los Gómez) que emparentaron con los Solís Hinojosa, naciendo el poblado El Soliseño que hoy es histórico, porque en 1920 lo visitaron los generales Venustiano Carranza, Cesario Castro, Paulo González, Lucio Blanco, Félix Díaz y Joaquín Amaro.

Para los tiempos que hoy nos ocupan, inicios de la década de los ochenta, en El Soliseño todavía se observaban las construcciones que predominaron a principios del siglo veinte: casas de adobe, con marcos y puertas de ébano o mezquite labrado y pisos de tierra aplanada. En lo general todas las viviendas eran de dimensiones amplias, donde se hacinaban sus muchos moradores.

En sus mocedades, los padres del niño Juan García Ábrego se dedicaron a la labranza de la tierra y el amor. De la primera actividad no salieron de pobres, aunque le dedicaban más de diez horas al día, y de la segunda obtuvieron ocho vástagos: tres robustos varones y cinco hermosas mujeres: Juan, Humberto, José, Herlinda, Elena, Rosa, Enriqueta y Blanca, que vinieron al mundo sin muchas dificultades. Los García Ábrego tenían un medio hermano mayor: Josué, hijo del primer matrimonio de su padre con Elisa Ramírez.

La vida de *La Chacha* y *El Chacho* era por demás monótona y sosegada. Se levantaban antes de que aparecieran los primeros rayos de sol. Don Albino montaba un viejo caballo y se iba a las labores, al monte o al pueblo, y no pocas veces a Matamoros. Volvía a la hora de comer, se sentaba después a la puerta de su vivienda, y cuando el sol comenzaba a ocultarse daba su vuelta por el corral para ver sus animales. Con calma solía limpiar con un cepillo el lomo de sus burros y mulas y enseguida cenaba con su familia, con tortillas recalentadas. Antes de las diez de la noche ya estaba dormido.

Doña Estela se ocupaba de los quehaceres del hogar, dar de comer a las gallinas, limpiar las jaulas de los pájaros, regar sus macetas, preparar la comida y ayudar a sus hijos con las tareas escolares. Así pasaba el día y la tarde. Y al igual que su marido, antes de las diez de la noche ya dormía plácidamente.

El niño Juan y su hermano menor, Humberto, estaban inconscientes de las necesidades apremiantes de sus padres. Desde muy pequeños, bajo la dura mano de su padre, aprendieron el rudo y poco apreciado trabajo del campo. Cuando su padre no los obligaba a ayudarle en las faenas del campo o a estudiar, pasaban su tiempo en el cerro cogiendo cuanta alimaña encontraban o jugando béisbol.

Ambos, en las noches, caían rendidos y entre sueños engullían sus frijoles.

Llevado del rancho a Matamoros, el pequeño Juan vivió en la casa marcada con el número ciento treinta de la calle Doce, entre Bravo y Bustamante, en el centro de esa ciudad, donde estudió la instrucción primaria en las escuelas "Franklin D. Roosevelt" y "Miguel Sáenz González". Pero apenas terminó esos estudios, con frecuencia dejaba su pueblo de nacimiento para irse a vivir al rancho La Paloma, poblado del Condado de Cameron, Texas, con no más de mil habitantes que vivían en casas desperdigadas entre calles polvorientas.

La Paloma nada tenía que llamara la atención. Era una ranchería como muchas de las que había al sur de Texas: con veredas angostas e intransitables que en tiempo de lluvias conducían a las casas, la mayoría de ellas de adobe y mal pintadas. Sin embargo, fue el lugar para que, años después, a la edad de veintiún años, Juan seleccionara para apersonarse en la oficina del notario Héctor Cascos, para que le extendiera la documentación que lo acreditaba como "originario" de dicho poblado norteamericano.

De esta manera, el 18 de mayo de 1965, Juan quedó formalmente registrado como ciudadano estadounidense, después de pagar treinta y cinco dólares. Para lograrlo, Juan presentó su fe de bautizo, en la que aparecía la fecha de nacimiento con el testimonio de los vecinos del lugar.

Sobre esto último, no tuvo problema alguno, ya que a don Jesús y a doña Carmen, sus abuelos maternos, y a doña Refugio y a doña Manuela, sus tías, hermanas de su madre, todo mundo las conocía, pues allí vivieron desde siempre. Además, desde niño y después de adulto, Juan los visitaba con frecuencia.

El niño Juan creció fuerte, rollizo y sano. Tal vez los frijoles, los atoles y las "gordas" que le daba su madre fueron suficientes para que por su estatura, sobresaliera de los demás chamacos de su edad.

Si bien es cierto que creció duro, tosco y resistente, también siempre anduvo falto de mejores oportunidades. Ya más grandecito, aunque muy trabajador, era un muchacho grande y voluntarioso a quien sus padres no podían sujetar ni atinar a bien educar, puesto que ellos mismos no sabían más que hacer bien las faenas domésticas y del campo.

Parte de la rebeldía del niño Juan, tal vez, se debía a que, a la edad de doce años, había sido testigo de cómo sus padres "regalaron" a dos de sus hermanos más pequeños a don *Pepe* García Cárdenas, el hombre más rico de Valle Hermoso que por esas cosas curiosas de la vida no había podido tener hijos con su también pudiente esposa que pertenecía a la dinastía Del Fierro. Por esta razón, le pidieron a don Albino, padre del niño Juan, que les regalaran a los más pequeños de sus hijos, con la promesa de dejarles su cuantiosa fortuna cuando ambos faltaran.

Entre gritos, llanto y suplicas, el niño Juan inútilmente intentó impedir que se llevaran a sus dos pequeños hermanos (entre ellos a José, a quien cambiarían sus apellidos por los de García del Fierro). Cuando al final comprendió que nada haría cambiar de parecer a sus padres, Juan mostró su carácter vengativo. Les advirtió que un día a ambos los haría arrepentir de "cambiar" por una camioneta, una parcela y dinero a sus dos hermanitos. Amenaza que años después, en efecto, cumpliría cabalmente.

Ya metido de lleno en el negocio de las drogas, a sus padres Juan les arrojó a la cara una bolsa con varios millones de dólares, acompañados de las peores blasfemias que un hijo puede proferir en contra de sus progenitores.

---0---

Cuando el chamaco Juan terminó su instrucción escolar, el matrimonio resolvió que debería aprender un oficio, haciéndole patente que no tenían con qué mantenerlo ni vestirlo, que ya era grande y fuerte y necesitaba trabajar. Pero en aquellos tiempos, en las rancherías no había talleres donde los muchachos pudieran aprender un oficio que les ayudara a abrirse paso más adelante; en las escuelas tampoco se enseñaban. Por eso el asunto se olvidó y Juan continuó ayudando en las actividades del campo.

Así pasaron los años y Juan se convirtió en un joven robusto, requemado con el sol, que vestía pantalones de mezclilla siempre empolvados por el duro trabajo del campo; que sabía mandar e inspiraba respeto, tal vez por su metro ochenta y cinco de estatura y complexión amenazante.

En una palabra, Juan era un joven norteño en toda la extensión. Sus vecinos decían que era un "buen muchacho dispuesto a dar hasta la camisa por sus amigos"; pero también que "no sabía perdonar las traiciones".

No era muy afecto a las bebidas embriagantes y cuando lo hacía, prefería el tequila o la cerveza; pero eso sí, no fumaba. Era aficionado a las carreras de caballos, las peleas de gallos y el béisbol. Además de los pantalones de mezclilla, al joven Juan le fascinaban los calzoncillos de boxeador y los botines.

Siendo bien parecido y de recia personalidad –de ahí el sobrenombre de *La Muñeca*–, no era mujeriego. Aún así tuvo tres hijos: Juan José, Ivette y Albino. El primero con una mujer de apellido González, hija de un escribano público; los otros dos, con la señora María del Carmen Olivella, distinguida y bella dama con la que casó aún cuando ésta tenía un hijo de un matrimonio anterior, que vivía con los papás de ella.

Hasta cerca de los treinta años, la conducta de Juan fue irreprochable. Ayudaba en todo lo que podía en las faenas del campo y apoyaba a su familia en la medida de sus posibilidades, de modo que sus parientes estaban contentos con su inteligencia y su actividad.

Cuando no tenía trabajo urgente en el rancho, daba sus vueltas por Matamoros, a donde comenzó a hacer ronda con otros hombres más jóvenes o de su edad, entre ellos los hijos de sus tíos Armando García Cárdenas, Roberto y Juan Nepomuceno Guerra Cárdenas, este último propietario del salón Piedras Negras, a donde esporádicamente iba a beberse un par de cervezas.

Pero también comenzó a hacer ronda con pandilleros de otras rancherías, colonias y barrios, que por diversos delitos entraban y salían de la cárcel como si fuese su casa; amistades que le presumían lo "fácil" que era hacerse de dinero rápido.

Entonces sus visitas a Matamoros comenzaron a ser más frecuentes, y el dinero se volvió una obsesión para el joven. La miseria comenzó a parecerle repulsiva en lo más hondo de su sencilla alma de campesino; ya le urgía traer dinero como el resto de sus amigotes, entre ellos *El Cacho*.

Así, un mal día pensó que era necesario "trabajar para vivir bien, como Dios manda". Después de esta decisión, Juan regresó a Matamoros, pero ya convertido en otro hombre. Su ambición por obtener dinero "fácil" le había trastornado completamente la cabeza.

Y así, la buena o mala suerte, más bien la mala, guió sus pasos hasta donde se hallaba Casimiro, y la vida de Juan cambió para siempre.

---0---

Para los tiempos de los que hablamos, como ya sabemos, *El Cacho* ya era un pillo en toda la extensión de la palabra. Al margen de que apenas había terminado la primaria y el primer año de la secundaria, era un individuo que no se tentaba el corazón para asesinar a quien se le opusiera. Con una extraña mezcla de lo más turbio de la mente humana, reforzada con cuantas drogas que consumía, había ordenado o ejecutado personalmente a docenas de rivales o familiares de éstos, o bien de inocentes personas que se habían negado a ser despojados de sus bienes.

Crímenes, todos, que en su momento conmocionaron a la sociedad tamaulipeca, pero no se castigó a los autores materiales, aún sabiendo quién era el responsable, al que tampoco nadie había hecho nada para detenerlo. Entre sus víctimas estaban cuatro niños del ejido de San Briceño; también cuatro hombres de Valle Hermoso a los que quemó vivos; acabó a la familia Cisneros; dio muerte a Herminio Montelongo; y al agente de la DFS, Arnulfo Mongaray, así como al ex presidente municipal de Valle Hermoso, Ciro Gutiérrez Perales.

Para no faltar a la verdad, al ex alcalde de Valle Hermoso, Ciro Gutiérrez, no lo mató solo *El Cacho*. Lo hizo con la complicidad de *Rafa* García, por encargo de Juan.

El asunto se dio así: En un momento de ira motivada por los celos, Juan golpeó y corrió de su casa a doña Carmen Olivella. Con su niña en brazos (hija de Juan, de apenas tres años), la mujer dejó Matamoros y se refugió en Ciudad Victoria. Allá, al poco tiempo, inició un romance con el ex alcalde Ciro Gutiérrez que laboraba para el gobernador Enrique Cárdenas González.

Enterado del suceso Juan fue por ella a la capital tamaulipeca, pero la mujer se negó a regresar aún cuando éste le aseguró que ya había cambiado. Pero logró convencerla, cuando registró a su nombre la casa de la que la corrió, le compró un auto del año y, para completar su arrepentimiento, a los padres de la mujer les regaló una residencia.

Pero es necesario mencionar que para entonces Juan ya era un hombre sin piedad y rencoroso, y el romance de su mujer con el ex alcalde lo consideró como una ofensa personal. De tal manera que para lavar el agravio ordenó la muerte del político. Ciro fue muerto a balazos al regresar a su hogar en Reynosa, donde pacientemente lo esperaron sus asesinos: *El Cacho* y *Rafa* García.

Abundemos un poco más sobre *El Cacho*, un individuo que cuando se drogaba afloraba sus instintos más bajos. Con engaños logró que su único hermano regresara de Cuba, donde era militar, y el día que éste le visitó en su casa lo colgó de los pies y zambulló en repetidas ocasiones en la alberca hasta casi hasta ahogarlo, mientras le reclamaba por haberlo maltratado siendo niños. Al médico familiar le dio muerte, porque supuestamente exploró indebidamente a su esposa.

Con el engaño de darle un regalo, llevó hasta su casa a un profesor que tuvo en la primaria. Ya a solas, lo ejecutó a balazos no sin antes recordarle que lo mataba por haberse burlado de su tartamudez. Torturó y estuvo a punto de asesinar a un agente federal, por orinar cerca de la casa de una de sus hermanas; y en un supuesto duelo al estilo del viejo Oeste, acribilló a balazos al hijo único de doña Amparo del Fierro.

—¡Le gané al *jalón* y lo maté! —diría muy orondo *El Cacho*.

---0---

El Cacho se había hecho en las calles de Matamoros, donde en su infancia jugó con los muchachos de su edad y adquirió la brutalidad que le caracterizaría como jefe de su no menos despiadada banda a la que manejaba, a través del terror y la complicidad de los jefes de la policía corruptos. Su ley era la violencia y la crueldad.

Juan era otra cosa. Durante su juventud y los primeros años de su madurez, creyó que podría sacar adelante a su familia a través del trabajo honrado; pero cuando comprobó que nunca sería así, se consideró como engañado al no encontrar más que miseria, miedo y degradación. Lo que provocó que se le fuesen enfriando sus pocos principios morales, hasta convertirse en odio y aversión hacia todo aquello que representaba el trabajo honrado y a la sociedad legal en su totalidad.

Al unirse a Casimiro y comenzar como ladrón de autos, Juan perdió toda noción de la moral y se volvió muy supersticioso. Sentía en su interior una fuerza desconocida que lo protegía contra todos sus enemigos. Creía, como todos los supersticiosos, que un ser divino le cuidaría y velaría por su vida, al menos él así lo sentía y creía.

No se ponía a pensar que si no le había sucedido nada durante los años de enseñanza de *El Cacho*, era por su parentesco con don Juan, su tío, y porque las autoridades municipales, estatales y federales, trabajaban en sociedad con su poderoso pariente; además, a la mayoría de esos policías él los conocía desde la infancia. De ahí que ninguna autoridad le perseguía o molestaba; por el contrario, le protegían.

Juan García Ábrego. Ejido El Soliseño, donde nació el 13 de septiembre de 1944

Emilio Martínez Manautou

·······································

El gobernador Emilio Martínez Manautou era un hombre ambicioso y sin escrúpulos. Había llegado al importante cargo, desganado y abúlico, porque lo menos que le interesaba era mejorar la situación de pobreza de sus paisanos.

Pero eso sí, llegó muy decidido a incrementar su ya de por sí cuantiosa fortuna que había hecho al amparo del poder político desde tres décadas atrás. Riqueza que bien se había cuidado de mantenerla a buen recaudo sacándola ilegalmente del país.

A Martínez Manautou, en 1982, al igual que a la esposa del presidente López Portillo, Carmen Romano; el gobernador de Guanajuato, Enrique Velasco Ibarra; Rodolfo Echeverría Álvarez, hermano del ex presidente Echeverría; el senador Fausto Zapata; y Pablo Aramburuzabala Ocaransa, uno de los principales accionistas de la Cervecería Modelo y de Universal Food Inc., entre otra veintena más de empresarios, banqueros y políticos, se les señaló como los más prominentes sacadólares del país.

Escandaloso saqueo que el mismo López Portillo anunció haría público durante su sexto y último informe de labores (promesa que jamás cumplió), para exhibir a los responsables. Por lo mismo, cuando sus más íntimos le preguntaban por qué había sacado *su* dinero del país, Martínez Manautou, que acostumbraba viajar a bordo de lujosos vehículos en medio de una caravana de hasta seis automóviles en los que lo seguían sus guardaespaldas, sin rubor, les decía:

—Porque soy político y en mi país todos los políticos tienen sus capitales fuera, para evitar las críticas y las especulaciones del pueblo.

A los sesenta y un años de edad, Martínez Manautou llegó al Gobierno de Tamaulipas por orden presidencial, a la fuerza, no porque él lo deseara. Y aunque desde principios de los setenta ya don Juan Nepomuceno era uno de los más visibles traficantes de drogas del noreste del país, principalmente mariguana, durante la administración de Martínez Manautou (1981-1987), el tráfico de la mariguana y la cocaína tuvo un repunte exponencial desde esa entidad, pese a que Tamaulipas era una zona ajena a la producción local de drogas, no así a su trasiego, junto con la fayuca, también ilegal.

Aunque asumió la gubernatura en el declive de su carrera, Martínez Manautou no era un personaje secundario en el contexto político nacional. En las décadas de los sesentas y ochentas, era un influyente y muy conocido político, especialmente entre la clase gobernante del país a la que ingresó treinta años antes, cargándole los portafolios a su maestro y protector Norberto Treviño Zapata, líder de la Cámara de Diputados en el sexenio del presidente Adolfo Ruiz Cortines.

Treviño Zapata primero lo hizo diputado y luego lo recomendó para que ocupara una curul en el Senado, en donde se hizo muy amigo del secretario de Gobernación y a la postre Presidente de la República, Gustavo Díaz Ordaz, quien le consideraba "buen prospecto" para la gubernatura de Tamaulipas. Pero el presidente Adolfo López Mateos se decidió por Praxedis Balboa, pese a que el senador Emilio no dejaba de encender sus veladoras a todos los santos de sus devociones.

Pero el día que su amigo Díaz Ordaz se puso la banda tricolor en el pecho, que lo acreditaba como Primer Magistrado de la Nación, su frustración desapareció, pues éste lo nombró secretario de la Presidencia. En su importante cargo, apenas dos meses después, el ya poderoso Martínez Manautou nombró director de la Oficina Jurídica al licenciado López Portillo, su amigo que se encontraba desempleado y quien, al paso de los años, llegaría a la Presidencia de la República.

La figura política de don Emilio creció tanto que, en el quinto año del sexenio de Díaz Ordaz, se le consideraba el candidato más fuerte para sucederle en la Primera Magistratura. Y así también él lo creía, por lo que comenzó a soñar despierto. Pero el segundo descalabro político llegó cuando su amigo Díaz Ordaz, el Presidente, se inclinó por Luis Echeverría Álvarez.

Entre los personajes que apoyaban su candidatura, destacaban los ex presidentes Emilio Portes Gil, Lázaro Cárdenas y Adolfo Ruiz Cortines, así como el secretario de Industria y Comercio, Raúl Salinas Lozano, lo mismo que Carlos Hank González, gobernador del estado de México; el general Bonifacio Salinas Leal, ex gobernador de Nuevo León; Roberto González Barrera, consuegro de Hank González; Leopoldo Sánchez Celis, ex gobernador de Sinaloa; y Óscar Flores Sánchez, ex gobernador de Chihuahua y futuro procurador general de la República.

A excepción del general Lázaro Cárdenas, al resto de estos personajes, años más tarde, se les señalaría de mantener vínculos con el entonces incipiente cártel del Golfo, y de ser los principales protectores de nuestro ya conocido Miguel Ángel Félix Gallardo.

A tanto llegó el desencanto de Martínez Manautou que, acometido por severas crisis nerviosas, tuvo que viajar a Houston, Texas, para someterse a prolongados tratamientos psiquiátricos. Su frustración fue mayor cuando Echeverría, apenas tomó posesión, lo echó del país. Meses después, sólo por la intervención del hermano del Presidente, el actor Rodolfo (Landa) Echeverría, se le permitió regresar de su exilio, pero con la condición de que no interviniera en política.

Durante los seis años que permaneció en la fría banca, de lo que menos se preocupó fueron las cuestiones económicas, pues como funcionario público se había cuidado de hacer sus buenos millones de dólares explotando, como acostumbraban la mayoría de los políticos de aquellos tiempos y también muchos de los actuales, sus vastas influencias políticas.

El desempleo político obligado terminó cuando su amigo López Portillo asumió el poder y le retribuyó con creces su atención de haberlo sacado del ostracismo político, al nombrarlo secretario de Salubridad y Asistencia, privilegiada posición política desde donde creyó que, ahora sí, podría brincar a la anhelada Presidencia de la República.

Pero, precavido, por un si o un no, el secretario Emilio siguió acumulando cuantiosa fortuna a través, por ejemplo, de la Comisión

Constructora de Ingeniería Sanitaria, encargada de la edificación de clínicas rurales y hospitales generales, con la que privilegió constructoras como Roca, SA, Mabsa, Constructora y Urbanismo, Punto y Prolasa, empresas a las que se ligó, coincidencialmente, su yerno, Raúl Blázquez Coopel; también se relacionó comercialmente con los propietarios de la cadena de farmacias El Fénix; con la familia González Torres, de Tampico, y la empresa Beisa, filial de los laboratorios estadounidenses Shering, entre muchos más.

Su fortuna creció a unos mil millones de dólares, por lo que para 1984, a través de una de sus empresas extranjeras: Rostuca Holdings, tuvo que contratar los servicios del asesor financiero cubano estadounidense Roberto Polo, director de la compañía de inversiones Private Asset Management Ltd., para que la manejara e incrementara, invirtiendo en pinturas, joyas y bienes inmobiliarios en el extranjero.

Roberto Polo, era un joven al que en esos años se le consideraba como uno de los más importantes y célebres asesores en la compra de arte en el mundo. Por años, manejó los miles de millones de dólares que una veintena de políticos y empresarios mexicanos sacaron subrepticiamente del país, entre ellos, además de los ya citados, el ex regente de la ciudad de México y ex gobernador del estado de México, Hank González, y las familias González Diez y Loyo, también accionistas mayoritarias de la Cervecería Modelo.

Pero en este mundo no hay dicha completa. Con toda esa fortuna hecha al amparo del poder político, el multimillonario tamaulipeco tampoco esa vez pudo llegar a la Presidencia de la República. En marzo de 1980, López Portillo, sutilmente, lo desengañó. Le hizo una pregunta que, como buen entendedor, el ambicioso secretario de Salubridad de inmediato captó como un rotundo "tú no vas a ser mi sucesor". Le preguntó:

—Emilio, ¿te gustaría irte a gobernar Tamaulipas, tu estado?

—Señor Presidente, agradezco la deferencia, pero prefiero permanecer en Salubridad hasta el fin del sexenio —contestó con respeto, pero decisión, el de nuevo frustrado político.

A partir de entonces, el antes diligente secretario de Salubridad ahora ni siquiera recibía a la gente, ahora poco hablaba con sus subordinados y cuando lo hacía, su voz sonaba pastosa, indiferente.

No quería saber nada de nadie ni de nada. Y para evitar cualquier contacto con sus congéneres de la clase gobernante, que a sus espaldas cuchicheaban su segundo fracaso político, encargó que todos los asuntos de su importante cartera política fueran manejados por su secretaria Lourdes Argüelles, hermana de María Elena, la esposa —en segundas nupcias— de su amigo el gobernador de Guanajuato, Velasco Ibarra, el mismo que también, al igual que él, sería acusado de sacadólares.

Dos meses después, el presidente López Portillo le hizo la misma pregunta y el multimillonario le dio la misma respuesta. El malogrado hombre no quería saber nada de Tamaulipas, mucho menos de sus paisanos. Pero su consejero y amigo, y además vocero del Presidente, Francisco Galindo Ochoa, que era un político ampliamente conocedor de los entretelones de la política, muy serio y preocupado le advirtió:

—Mira, doctor, van dos veces que el Presidente te pide vayas a gobernar tu estado. Entiéndelo, ya no es una invitación del amigo, sino una orden del señor Presidente. Si no aceptas, adiós a Salubridad y quién sabe qué podría suceder contigo.

El doctor, como ya se dijo, era un hombre que entendía los mensajes soterrados, por lo que, aunque con desgano y un gran desprecio hacia los problemas de sus paisanos, el domingo 8 de junio de 1980, en Matamoros, aceptó la precandidatura oficial del PRI.

Pero como tampoco los tamaulipecos le querían, entre ellos el poderoso e influyente líder petrolero, Joaquín Hernández Galicia, *La Quina*, durante su gris campaña electoral le hicieron el vacío. Desprecio que a Martínez Manautou le obligó a negociar con el dirigente petrolero, sobre la base de imponerle candidaturas y privilegios. Sólo así *La Quina* le apoyó.

En cuanto tomó posesión, Martínez Manautou, de nueva cuenta, prácticamente delegó sus responsabilidades a su no menos ambiciosa secretaria Lourdes Argüelles, quien al paso del tiempo se vería implicada en la venta de candidaturas a alcaldías. Era Lourdes, pues, la funcionaria más poderosa del equipo del indolente y frustrado doctor Emilio.

La Quina y don Juan Nepomuceno, también supieron aprovechar la corrupción imperante en el gobierno estatal. Durante los seis años de su gobierno, Hernández Galicia hizo y deshizo a su antojo y se benefició en el sur de la entidad, tanto que se le consideraba como "el Gobernador del Sur"; don Juan, por su parte, le impuso como tesorero al contador Jaime Villarreal Elizondo, un individuo que trabajaría con su sobrino Juan García Ábrego como uno de sus intermediarios con los traficantes colombianos.

Mientras todo esto sucedía, el gobernador a la fuerza, en su despacho, como hombre de gustos refinados y de gran mundo, se dedicaba a beber martinis secos o, en no pocas ocasiones, champaña Tattinger blanc du blanc que, según los conocedores, en aquellos tiempos se cotizaba en mil doscientos dólares la botella.

Y cuando se aburría de las miserias y exigencias de sus paisanos, solo o acompañado de sus cuatro hijos: Leticia, Georgina, Luis Gerardo y Sergio, y su esposa Leticia Cárdenas Montemayor —que había heredado una gran fortuna, como las más de cuarenta mil hectáreas que conforman el rancho El Mezquite, con más de diez mil cabezas de ganado—, viajaba a Nueva York para ajuararse en las prestigiadas y exclusivas tiendas Tiffany, Cartier, Dunhill Tailors; o comer en el Twentyone Club, el famoso restaurante neoyorquino considerado como el santuario de la élite mundial del poder.

Uno de sus platillos favoritos, que con gusto devoraba era cola de langosta australiana, acompañada con chablis francés y flan, coñac y café.

Emilio Martínez Manautou. Gobernador sin escrúpulos

Óscar López Olivares, *El Profe*, ambicioso ex profesor de primaria

Martínez Manautou. Ex gobernador en el retiro

Joaquín Hernández Galicia, *La Quina*. Poder

Primeras pillerías de Juan

omo ya lo dijimos antes, Juan García Ábrego al unirse a Casimiro perdió toda noción de la moral y se volvió muy supersticioso. Como tal, creía que un ser divino le cuidaba y velaba por él, sin siquiera pensar que si no le había sucedido nada durante el tiempo de enseñanza de *El Cacho*, y ahora que ya estaba en el negocio de la mariguana, era por sus influyentes parientes, en especial don Armando García Cárdenas y los hermanos Guerra Cárdenas, don Roberto y don Juan, específicamente éste último que, gracias a sus relaciones políticas, tenía en un puño a las autoridades municipales, estatales y federales.

En efecto, gracias a las relaciones políticas de sus acaudalados e influyentes parientes, Juan se había iniciado en el negocio vendiendo la mariguana y la fayuca que las autoridades obtenían como resultado de los decomisos que realizaban en el noreste del país.

Don Armando García Cárdenas, era uno de los hombres más ricos de Tamaulipas al que admiraba Juan. Al igual que su hermano José (don *Pepe*), estaba casado con otra acaudalada mujer de la dinastía Del Fierro. Buena parte de su fortuna la había hecho como distribuidor de cerveza y la agricultura. Era un hombre de buena presencia y fortaleza física (pesaba más de cien kilos y medía cerca de dos metros, como Juan), campeón de tiro, con rifle, pistola y escopeta. Los más destacados políticos del estado, en especial los ex y gobernadores en funciones, presumían de su amistad. Como amante de la cacería, la practicaba con sus muchos amigos en su rancho Loreto, en San Fernando.

Durante un tiempo, Juan trabajó con él y, como tanto le admiraba, trató de parecérsele imitando sus modos de trabajar, vestir y hasta de hablar. Por ello usaba ropa de marca y de la más exclusiva, reloj de oro con brillantes incrustados, relucientes botines, olorosas lavandas, y manejaba los vehículos más lujosos y caros. Contrató, asimismo, a decenas de hombres para que le cuidaran e hicieran de sus tierras las más fértiles y mejor trabajadas, como hasta entonces eran las de don Armando.

En fin, quien viera a Juan parecía que veía al doble de su tío Armando García Cárdenas.

Don Roberto Guerra Cárdenas (al contrario de don Juan, que más que querido o respetado se le temía, por prepotente y abusivo con la gente pobre que le buscaba en busca de algún favor), era muy popular y respetado en todo Matamoros. Sabía para qué era el dinero. Como hombre de mundo y amante de la caza, continuamente iba de cacería lo mismo a África que al Polo Norte. Gran parte de su fortuna la había hecho como promotor de espectáculos, como el box y los toros; de hecho, la plaza de toros de esa ciudad fronteriza era suya. Moriría sin haber logrado ser presidente municipal de Matamoros, uno de sus sueños. Una terrible tormenta derribó su avión por él piloteado.

Quiérase o no, el nombre de estos tres hombres facilitó las cosas al joven Juan, cuando decidió dejar el robo de autos para traficar mariguana por su cuenta a gran escala. Actividades que prácticamente comenzó sin ningún impedimento pues, además, la mayoría de los policías de Matamoros eran sus amigos desde la infancia. De ahí que ningún "guardián del orden" le perseguía o molestaba; por el contrario, aceptaron protegerle y hasta trabajar bajo sus órdenes.

Podría decirse que Juan comenzó en el negocio, con el apoyo y el disimulo de los tres elementos de la Policía Judicial Federal comisionados en Matamoros. Los tres eran sus amigos y hasta cómplices. Juan les conseguía oficinas, muebles, armas, les pagaba la luz, y una comisión por cada vuelo que sus pilotos hacían para llevar la mariguana desde Veracruz o Oaxaca, hasta Matamoros.

Este modo de operar, durante los siguientes años, se hizo una constante: a cada comandante nuevo que llegaba, Juan le amueblaba nuevamente la oficina, les pagaba los gastos de la misma y, sobre todo, la respectiva cuota o comisión por la droga que traficaba.

Eran los tiempos en los que Miguel de la Madrid despachaba como presidente de México, y la DFS, encabezada por José Antonio Zorrilla Pérez, manejaba el narcotráfico en el país. Los comandantes regionales de la dependencia eran Rafael Chao López, en la zona norte; Rafael Aguilar Guajardo, de Chihuahua a Baja California; en el sur, Tomás Morlett Borquez; y en el centro, Carlos Aguilar Garza, ex director de la Campaña Permanente Contra el Narcotráfico de la PGR, en Sinaloa.

Eran los tiempos en los que los narcotraficantes más conocidos y temidos, eran Miguel Ángel Félix Gallardo, Juan José Esparragoza Moreno, *El Azul*; Rafael Caro Quintero, y Ernesto Fonseca Carrillo, *Don Neto*.

Para 1980, mediante el puente aéreo Matamoros-Oaxaca o Veracruz, los pilotos de Juan hacían un promedio de cuatro vuelos por semana. En cada nave transportaban hasta trescientos kilos de la yerba. De entre esos pilotos, destacaba Óscar López Olivares, *El Profe*, un enamoradizo y ambicioso ex profesor de educación primaria que ya pisaba los cuarenta años, oriundo del municipio de Camargo, Tamaulipas.

Otro de los primeros cómplices de Juan lo fue el empresario Rogelio Villarreal, quien había hecho su fortuna mediante los ranchos lecheros que tenía en Nuevo León, Veracruz y Tamaulipas. Tenía propiedades en los Estados Unidos y cinco pequeños aviones que utilizaba para transportar fayuca, mariguana y cocaína. Moriría a consecuencia de los escopetazos que le disparó uno de sus empleados, al sorprenderlo en uno de sus ranchos en pleno amorío con su joven y guapa mujer.

Entre esos primeros cómplices también estaban Luis Esteban García Villalón, fiscal federal en Nuevo Laredo; los empresarios Carlos Reséndez Bortolouce, y don José García Cárdenas (don *Pepe*, padre de José García del Fierro, uno de los dos niños que don Albino, padre de Juan, le "regaló").

Pieza clave en la incipiente organización de Juan, lo fue el comandante adscrito al aeropuerto de Matamoros, del cual sólo pudimos enterarnos de su apellido: Aguirre. Este para nosotros casi desconocido personaje, murió al desplomarse en la sierra de Victoria el avión Cessna en el que viajaba de *aventón*.

Sin duda, otro de los primeros socios de Juan lo fue Saúl Hernández Rivera, *El Güero*. Antes de involucrarse en el narcotráfico, ambos trabajaron en Chicago, como obreros, en una fábrica de galletas. Ambos, junto con Humberto García Ábrego, *El Chichi*, hermano menor de Juan, se regresaron a Matamoros cuando el gobierno estadounidense les ordenó enrolarse en el ejército, para ir a pelear en su guerra con Vietnam.

Juntos, Saúl y Juan, comenzaron el negocio. Y desde entonces, Saúl se convirtió en la sombra de su socio Juan, en su brazo armado y en el hombre de todas sus confianzas. Juan era la inteligencia y Saúl, la fuerza bruta, el matón. Como socios y "amigos", acordamos repartir utilidades por partes iguales, junto con el piloto Óscar López Olivares, *El Profe*. Acuerdo que Juan jamás cumplió a cabalidad, porque para entonces ya nada quedaba del honrado joven que todo mundo conoció.

Como malandrín, Juan se transformó en un ser malagradecido y mentiroso: para no repartir lo acordado, con frecuencia escamoteaba a sus socios el producto de sus fechorías, y no les pagaba lo prometido ni a los otros miembros de su incipiente grupo. Incluso, más adelante se sabría, ordenó la muerte de algunos de éstos, para no pagarles viejas deudas, entre ellos la de Saúl, como se verá más adelante.

---0---

En las altas montañas del sureste mexicano, que forman el nudo mixteco al unirse la Sierra Madre del Sur con la Sierra Madre Oriental, se sembraba la mariguana que Juan y su grupo adquirían, para luego transportarla hasta Matamoros, con el apoyo y la complicidad del comandante regional de la DFS, Tomás Morlett, quien tenía poder por encima del delegado de la PGR comisionado en Oaxaca, e incluso manejaba al general del Ejército responsable de esa Plaza.

La fértil tierra y el clima de esa región, permitían la germinación de la semilla de la codiciada planta, y Juan empezó allí en el lucrativo negocio en aquellos años que, sin duda, en el presente continúan sus seguidores.

En aquellos años, los campesinos la siembra la realizaban de la manera más rústica, a estaca: enterrando semilla por semilla en ocultos sembradíos. Una vez que las plantas mostraban sus hojas características, los hombres del campo las cuidaban de las plagas y de todos los animales herbívoros del bosque o la sierra; fertilizaban y regaban planta por planta.

Cuando las frondosas matas ya estaban listas para cosecharse, llegaba más gente armada, para evitar que otros malandrines dedicados al asalto se llevaran los sembradíos, a la menor oportunidad.

Una vez hecha la cosecha, la yerba se bajaba de los cerros y montañas en burros, mulas, caballos, en la espalda de los campesinos o, en última instancia —por lo peligroso— mediante lanchas a través de los muchos ríos navegables que había en esa región agreste. Los riesgos de esta última opción, más que las aguas mismas de los caudalosos ríos, lo eran las bandas de ladrones que no se tentaban el corazón para asesinar a los lancheros, para robarles la mercancía.

Para de alguna manera abatir estas odiseas que duraban en promedio tres días, en cierta ocasión los nativos de la región le vendieron la idea a Juan de que en un río de la alta montaña se podía construir una pista para que descendieran los pequeños aviones. La idea le gustó a Juan y a sus pilotos, pues en caso de funcionar la bajada de la mercancía que regularmente se hacía en tres días, se podría realizar en unas cuantas horas; además, se dejarían de sortear tantos otros peligros.

Nada, salvo tiempo y algunos dólares, se perdía con intentar hacer funcional la idea, pensó Juan. Y luego pasó a los hechos.

A López Olivares, como jefe de los pilotos de Juan, correspondió buscar el lugar. Para ello, trepó al avión a los nativos de la idea y sobrevolando la sierra, desde el aire, les señaló el lugar que le pareció propicio para pista clandestina. Les ordenó que sacaran de raíz los árboles que estorbaban, extender el terreno, y limpiar bien la trayectoria de la pista.

Una semana después, los campesinos le avisaron a *El Profe* que la pista ya estaba lista, tal y como él lo había ordenado. Ni tardo ni perezoso, López Olivares se trepó a su avión Cessna y aterrizó sin ningún contratiempo. Pero los problemas surgieron cuando la aeronave intentó despegar, puesto que no había terreno suficiente para la maniobra, y la maleza prácticamente impedía ensanchar la trayectoria de la pista. Por dos semanas más, los campesinos tuvieron que trabajar para que el Cessna pudiera despegar con su preciada carga.

Aún cuando el primer intento fracasó, la idea era genial. Sólo había que mejorarla. Esto se logró después de varias tentativas y mayores inversiones de tiempo y dinero. Cuando así sucedió, los Cessna despegaban con al menos trescientos kilos de mariguana, con rumbo a Matamoros.

---0---

Pasaron los días, semanas y los meses, y Juan acumulaba más riqueza y su vida era la misma, sin más ambición que el dinero; sin más interrupción que algunos viajes a la ciudad de México, para pagar y promoverse entre la clase política corrupta que fingía no saber nada sobre su negocio. En esos tiempos, a decir verdad, pocas eran las personas que conocían a Juan como mafioso, pues encubría sus operaciones de narcotráfico haciéndose pasar por un pequeño pero prospero agricultor, que poseía media docena de tráilers.

Siempre desconfiado y de carácter osco, no toleraba a nadie y sólo recibía en su casa a Saúl Hernández, *El Güero*, y a López Olivares, *El Profe*, a pesar de que eran muchos los funcionarios federales, estatales o municipales que comenzaban a buscarle para pedirle o cobrarle algún favor.

Cuando comprendió que era inútil esconderse y evitar la visita de tanta gente, encargó al parlanchín ex profesor de primaria López Olivares que atendiera a todo aquel que le buscara. Y éste, pues al fin parlanchín y vanidoso, gustoso aceptó el encargo.

Para tal embajada, *El Profe* adquirió una residencia ubicada en la calle principal de la colonia San Francisco, que le vendió un funcionario de la Procuraduría en Matamoros. De esta manera, el funcionario público, jefe policiaco federal, estatal o municipal y hasta militares, que necesitaban algún favor de Juan, acudían con el ex profesor de primaria.

Al paso de los años, hasta funcionarios de la Presidencia de la República, a través de *El Profe*, le pedirían favores al ya para entonces poderoso Juan García Ábrego.

Pero mientras esto sucedía, los pequeños aviones del grupo de Juan seguían realizando vuelos desde la sierra oaxaqueña hasta Matamoros. Y Juan invirtiendo, invirtiendo, invirtiendo en la compra de ranchos, tráilers, maquinaria y terrenos, muchos terrenos urbanos, sin dejar de decirles a Saúl Hernández y a López Olivares, que también en aquellas inversiones eran sus socios, y "a la hora que ustedes quieran, hacemos cuentas". Lo que, obviamente, jamás sucedería.

García Ábrego, con *El Profe* y otro miembro de su pandilla

Cuando *El Profe* era un honesto periodista

El Profe con su primera familia

Diversas facetas del enamoradizo y hablantín ex profesor,
oriundo de Camargo, Tamaulipas

Luis Medrano García

....

Alas cinco de la tarde, un Grand Marquís negro se detuvo lentamente al lado de una deteriorada Van azul aparcada en una colonia proletaria, al este de Matamoros. Lo conducía Valentín Lara, de veintitantos años, de pantalón negro y camisa blanca; cadena de oro al cuello y fino reloj de pulsera. Le decían *El Vale* y era uno de los pandilleros más cercanos a *El Cacho*.

En el asiento del copiloto, le acompañaba su compadre Luis Medrano García, un individuo de complexión delgada, de veinticuatro años, rostro moreno y afilado; labios delgados y penetrante mirada. También vestía pantalón negro y camisa color claro. Más que eufóricos, los dos estaban ebrios y querían seguir la parranda.

Seguido de Luis Medrano, *El Vale* se apeó del vehículo, pues "un mexicano nunca mea solo". Cuando ambos orinaban a un lado de la Van azul, en plena vía pública, se le ocurrió pasar a una patrulla de la Policía Municipal, con dos jóvenes uniformados dispuestos a hacer cumplir la ley y el orden.

Los policías fruncieron el ceño al identificar a Valentín. Sabían que sus jefes aparecían en la nómina de Casimiro, el jefe de aquel borracho. Pero como ambos no estaban de acuerdo con esas corruptelas, decidieron hacer cumplir la ley, y hasta creyeron que de esa manera le cobrarían a Casimiro una de las muchas faltas que le debía a la justicia. Así que decidieron ocuparse de aquel par de vagos, a los que habían sorprendido cometiendo "faltas a la moral en la vía pública" que, aunque mínimas, debían castigarse.

Al verse sorprendidos por los dos jóvenes representantes de la autoridad, lejos de amilanarse, con desparpajo y hasta cinismo, los dos ebrios continuaron orinando, pero ahora en forma zigzagueante y riendo, como cuando eran chiquillos. Después, se replegaron junto al Grand Marquís que habían mantenido con las puertas abiertas, listos para abordarlo en caso necesario. Allí esperaron a los jóvenes uniformados.

Pero cuando éstos —después de indicarles la falta que habían cometido— intentaron detenerlos y subirlos a la patrulla, los dos jóvenes ebrios se negaron a acatar la orden, y hasta se mofaron de los representantes de la ley. Ante su negativa y actitud burlona, los uniformados solicitaron refuerzos a través de la radio de la patrulla. En su apoyo, en cuestión de minutos, llegaron otras cuatro unidades policiacas con ocho uniformados más, dispuestos a someter a los dos transgresores de la ley.

—Ocúpense de ellos —ordenó a sus compañeros el uniformado al mando de la operación, apenas descendieron de sus patrullas, cortando cartucho y apuntando con sus viejas armas a los dos rijosos.

Pensaba que amedrentándolos con sus armas largas, los dos pandilleros dócilmente aceptarían subir a las patrullas. A través de la radio, uno de los dos policías había identificado a los ebrios como pandilleros de *El Cacho*, por lo que el uniformado al mando había precisado que sólo se les daría un escarmiento, deteniéndolos y encerrándolos por unas horas en la cárcel municipal.

—Nada de golpes, porque sólo se trata de darles un escarmiento a este par de cabrones —les había precisado a sus subalternos, deseosos de quedar bien con su comandante.

Para los dos ebrios, el sólo hecho de que se les intentara detener por orinar en la calle, había herido su vanidad de pandilleros; pero cuando se les amenazó con armas de fuego, el asunto ya les parecía una falta de respeto a su jerarquía mafiosa. Falta que habría de castigarse. *El Vale*, de manera rápida le indicó a Luis que preparara su arma. Luis dio un gruñido de asentimiento.

Entonces, antes de que los uniformados salieran de su asombro y supieran lo que iba a ocurrir, ambos pandilleros se echaron hacia atrás, sacaron sus respectivas pistolas de grueso calibre y abrieron fuego en contra de los asombrados policías. Conforme los cuerpos recibían los impactos de bala, como fulminados por un rayo, comenzaron a caer con los ojos muy abiertos. La mayoría de los proyectiles se les habían alojado en el pecho, el cuello y la cabeza. Siete de ellos murieron allí mismo, al instante.

Enardecidos por la sangre y el alcohol, los ebrios hubieran rematado a los otros tres agentes del orden heridos, si no se percatan que desde sus ventanas una docena de aterrorizados vecinos miraban la dantesca escena. Trastabillando, subieron al Grand Marquís y se alejaron en dirección a la frontera norteamericana.

Aunque los tres policías sobrevivientes no estaban lesionados de gravedad, sus heridas sangraban profusamente, por lo que a su alrededor, prontamente, se formaron grandes charcos de sangre. Cuando minutos después la ambulancia llegó por ellos, ya habían perdido el conocimiento.

A pesar de que los dos homicidas jamás serían juzgados por el terrible y absurdo asesinato, el hecho en sí retrataba la mentalidad homicida de Luis Medrano García, un personaje que tendrá importante participación en esta historia verídica.

El esclarecimiento de tan alevoso multihomicidio, se perdería en la entrampada burocracia tamaulipeca. Atolladero creado por un buen fajo de billetes.

---0---

Luis Medrano García nació en 1956 en la colonia Veinte de Noviembre, en Matamoros, en el seno de una humilde familia. A los veinticuatro años, conservaba una figura esbelta, pero atlética. Sus facciones eran regulares; su moreno y afilado rostro estaba rematado por un delicado, negro y bien delineado bigote que permitía ver unos labios delgados; sus arqueadas cejas le daba un aire adusto, que su mirada penetrante remarcaba aún más.

Ante la falta de recursos y de una orientación paterna, desde adolescente, más que estudiar se dedicó a vagar y cometer pequeños hurtos y desmanes, con otros muchachos de su edad, como Arcadio Pérez González, *El Cayo*; Andrés Arriaga; Leobardo García; Eduardo

Coronado Gática; Leoncio Sánchez Magallanes; Epifanio Pérez Solís; Prisciliano García Medrano; Sergio Hernández Longoria, *El Zorro*; Germán y Fernando, *Los Venados*; Alfredo Alatorre Franco; Erasmo y Toto Alanís Govea, *Los Conejos*; Melitón, *El Meli*; *El Toro*; Adolfo de la Garza, *El Borrado*; Gerardo, *El Nene* y su hermano *El Cali*; Juan Manuel García, *El Quince*; *La Zorra*, *El Beto toques*, y el temible Casimiro, *El Cacho*.

También: Sergio Gómez Villarreal, *El Checo*; los hermanos Balboa: Javier y Sergio Balboa, *El Checo* Balboa; los hermanos Revisse; *El Quecón* García; José Luis Medrano González, *El Negro* (primo de Luis); José Luis Sosa Mayorga, *El Cabezón*; Óscar Malherbe, *El Compadre*, y José Alonso Pérez de la Rosa, *El Amable*.

Muchachos todos que, al paso del tiempo, se convertirían en agentes de la Policía o peligrosos delincuentes y miembros de lo que se conocería como el cártel del Golfo.

Los padres de Luis Medrano, aunque en su vida jamás hicieron cosa alguna reprobable, acabaron por arruinarlo y fueron la causa de su desviación social. Sin que nadie le orientara ni ayudara económicamente, el adolescente se dedicó a vagar por las calles, al robo, y a dormir donde le agarrara la noche. Tenía una hermana menor que él: Ninfa, a la que amaba entrañablemente.

Para 1980, Luis y sus amigos formaban una de las pandillas más peligrosa del rumbo (la banda de *El Cacho*). Esta pandilla, como ya se dijo, alquilaba sus servicios a don Juan o a cualquier otro narcotraficante que les pagara por ello. Con armas de alto poder, protegía sus cargamentos, les proporcionaban guardaespaldas y efectuaba tareas de enlace con algunos jefes policiacos o militares que les interesaba contactar a los narcos.

Aún muy joven, Luis se había ganado fama de ser muy riguroso con los detalles, inteligente, desconfiado y analítico. Pero, sobre todo, que no se dejaba impresionar por nada ni por nadie. Aunque de explosivo carácter, se decía que tenía un corazón generoso y era un sentimental que gustaba de la soledad; un hombre que creía en la palabra más que en los papeles.

—Lo que se dice con la boca, se sostiene como hombre —decía.

—María de la Fuente, mi María —decía con pasión y embeleso Luis de aquella hermosa matamorense, a la que desde los dieciocho años amaba y cuyas largas piernas y escultural figura seguía admirando. Con ella había procreado tres hijos y, aun así, todavía su cuerpo le hacía estremecer de lujuria y deseaba como un colegial, como la primera vez que la poseyó. Cuando la llevó por primera vez a la cama, Luis la amó, sintiendo un absoluto silencio a su alrededor. Desde entonces ella se apoderó de él.

María era vanidosa y lo había tenido todo sin el menor esfuerzo. Sus padres, que admiraban su belleza, habían hecho todo lo posible por educarla como sus padres lo habían hecho con ellos. Pero María depositó sus esperanzas de mejor vida en su hermosura. A los quince años se enamoró de Luis, que le llevaba tres años y era un incipiente mafioso siempre dispuesto a gastar grandes cantidades de dinero en sus caprichos y, además, estaba loco por ella.

Cuando le conoció, Luis de inmediato la cautivó. Aunque ella sabía que él era casado con la joven Leticia Moreno, le juró amor eterno. A los pocos meses, María quedó embarazada, y le encantaba la idea de tener otro hijo de ese hombre que, aunque joven, le satisfacía sexualmente y todos sus caprichos, por muy caros que éstos fueran; le adoraba y era temido por los hombres, que le envidiaban por tener aquella bellísima mujer.

Luis lo sabía, pero se guardaba de ocultarlo. Por el sesgo que por decisión propia había dado a su vida, comprendía que tarde o temprano estaba destinado a perderla. Tal vez por eso decidió que, para impedir que ella se le pudiera escapar, tendrían más hijos. Cuatro, cinco, seis, los que "Dios nos mande". Eso, pensaba, los mantendría unidos por siempre.

María con gusto se embarazó por dos ocasiones más. Conocía los celos de Luis, pero era demasiado joven y vanidosa por lo que, más que pensar en los infantiles celos de su amante, se ocupaba en conservar su belleza, para él.

---0---

Aquella tarde, María se disponía bajar al comedor para cenar junto con sus tres pequeños hijos, cuando desde la ventana de su dormitorio vio un automóvil que se estacionaba frente al jardín de su casa y de éste descendieron dos hombres con aspecto de policías.

Bajó rápidamente las escaleras para llegar a la puerta de la entrada, segura de que eran enviados de Luis, y no quería que hablaran con su padre o su madre que en esa ocasión le visitaban. Sus padres sabían de Luis y no se avergonzaban de sus actividades, pues al fin y al cabo era el padre de sus tres nietos; lo que ocurría era que últimamente le habían insistido en que regularizara su situación con Luis, y ella sabía que eso era imposible, porque era un hombre casado.

Cuando abrió la pesada puerta de madera, se encontró frente a los dos hombres antes de que tocaran el timbre. Después de saludarla, uno de ellos le mostró una placa metálica y le dijo:

—Somos agentes de la Policía Judicial del estado. ¿Es usted la señora María de la Fuente?

Al obtener respuesta afirmativa, el policía prosiguió:

—¿Podemos pasar? Queremos hablar con usted de Luis Medrano García. Sólo le haremos unas cuantas preguntas y nos iremos.

María se hizo a un lado para permitirles la entrada, y los condujo a la sala. María se sentó en la silla que regularmente ocupaba Luis, mientras los visitantes lo hacían a su lado. Fue el detective que no había hablado quien inició las preguntas:

—Señora María, ¿ha venido en los últimos días el señor Luis Medrano?

María se puso en guardia. Por la mañana había escuchado en la radio la noticia del asesinato de siete policías preventivos. Los locutores decían que en el múltiple asesinato podrían estar involucrados hombres dedicados al tráfico de drogas.

—No. La última vez que lo vi fue hace una semana. Vino a ver a los niños.

El otro policía, en tono áspero, le dijo:

—Ya lo sabemos, señora. ¿Le ha visto o sabido de él desde entonces?

—No.

—Bien —dijo en el mismo tono el agente—. Si sabe algo, le conviene decirlo. Es muy importante hablar con él. Señora, si viene a visitarla y no nos lo informa, puede meterse en problemas. Si le ayuda, tendrá problemas con la policía, ¿entendió?

—¿Y por qué no habré de ayudarle? Es el padre de mis hijos, es mi marido.

Fue el policía que llevaba la voz cantante quien le advirtió:

—Mire, señora. Si usted le ayuda, se hará cómplice de un múltiple asesinato. Buscamos al padre de sus hijos, porque junto con otro delincuente ayer asesinó a siete policías.

Aún conociendo el carácter irascible de Luis, María no le creía capaz de cometer tan horrenda matazón, por lo que no dudó para decirlo a los dos policías que le miraban muy serios, amenazantes:

—Luis no pudo haber hecho eso. Claro que es enojón, pero de ahí a matar a alguien, imposible. Luis es la persona más amable y tranquila que yo haya conocido. Bueno, ni siquiera sabe decir mentiras.

El mismo policía le preguntó, sin alterar su timbre de voz:

—Sabemos que es el padre de sus hijos. ¿Desde cuánto tiempo le conoce?

—Más de seis años.

María se sorprendió al observar que los dos robustos hombres sonreían.

—Mire, señora, creo que durante todo ese tiempo usted ya debería de saber a qué se dedica el padre de sus hijos, y que no tolera siquiera una broma. Ayer mató a unos policías que sólo le habían llamado la atención por estar orinando en la calle.

—Yo no lo creo —dijo fríamente María. Sin embargo, pensó que podría ser cierto, por el irascible carácter de Luis. Ella misma había comprobado que una vez enojado, Luis podría llegar a extremos insospechados.

—Si sabe algo ¿nos lo dirá? —preguntó uno de los agentes.

María negó firmemente con la cabeza gacha. Por lo que el otro policía, rudamente, advirtió:

—No todo mundo sabe que el padre de sus hijos es traficante de drogas. Si damos esta información a los periodistas, toda su familia, incluidos sus padres, se sentirán avergonzados, ¿no lo cree, señora? Se sabrá que usted es la amante, no la esposa, de un narcotraficante.

María le miró con sus ojos agrandados por la sorpresa. Pero repuesta, se levantó, caminó hasta la entrada principal, abrió la puerta y en tono firme espetó a los dos detectives que le observaban:

—Por favor hagan el favor de retirarse, ya no son bien recibidos en esta casa.

---0---

Tres días después, María bajó de su lujoso automóvil frente al parque a donde le había citado Elías García, *El Profe*, primo hermano de Luis, quien le había telefoneado para concertar el encuentro.

Al llegar, María vio a un par de hombres dando vueltas por el jardín. Había asistido un tanto decepcionada, pues sabía que el amable pero hermético Elías nada le diría. Apenas se saludaron, preguntó a Elías:

—Sabe usted dónde está Luis? ¿Sabe dónde puedo encontrarle o hablar con él?

—Luis está bien, pero no sabemos dónde encontrarle. Cuando se enteró de que habían asesinado a los policías con los que antes había tenido una discusión, tuvo miedo de que lo acusaran. Por eso decidió desaparecer. Me dijo que volvería pronto.

María sabía que todo aquello era falso, y Elías no era muy bueno para mentir.

—¿Es cierto que los policías querían detenerlo por orinar en la calle?

—Sí. Pero tú conoces a mi primo, jamás haría una cosa así. Yo estoy convencido de que él nada tuvo que ver con ese asunto.

El Profe se metió la mano por debajo de su chaqueta y sacó un abultado sobre con gruesos fajos de billetes de cien dólares y se lo extendió a María.

—Antes de irse, mi primo me pidió que te entregara este dinero, para que nada te falte ni a ti ni a los niños, mientras él regresa o puede hablar por teléfono contigo.

María, con un gesto, dijo que no.

—¿Por qué no tienes paciencia? Estoy seguro de que Luis no tardará en hablarte, y decirte dónde se pueden encontrar.

María tomó el abultado sobre, se despidió del profesor Elías y abordó su lujoso vehículo. Mientras conducía de regreso a su residencia, observó que a bordo de otro auto los dos hombres que antes había visto en el parque, le seguían a cierta distancia. No supo si eran policías que le seguían, o gente de Luis, que le vigilaban.

La mayoría de los proyectiles se les alojaron en el pecho, el cuello y la cabeza

Los dos homicidas jamás serían juzgados por el terrible y absurdo asesinato

José Alonso Pérez de la Rosa

....

El hogar de José Alonso Pérez de la Rosa, *El Amable*, era como el de todos los policías que no han caído en la corrupción: modesto. Era un reducido departamento carente del calor y la mano femenina.

Era su día de descanso y por lo tanto seguía en la cama, aún cuando la mañana ya estaba avanzada. Estaba relajado como no lo había hecho desde que su segunda esposa, Consuelo Ramos, le abandonó, casi dos años atrás, como antes lo hizo María Garrido, su primera compañera. Lo habían dejado por muchos motivos, principalmente por ser ojo alegre con las mujeres y su permanente necesidad de dinero.

Se había casado cuando las novias eran todavía muy jóvenes y él un policía de la DFS. Las dos ex esposas procedían de familias conservadoras. Cuando casó, en ambos matrimonios, José Alonso estaba perdidamente enamorado de la novia, y de su belleza. En su respectivo momento, durante los primeros meses, cada una de aquellas mujeres se habían sentido fascinadas y protegidas de su marido quien, aunque no era de complexión robusta, se hacía respetar y temer, por la forma como llevaba a cabo su deber de policía.

Hijo de José Pérez Martínez y Rosa María de la Rosa Muñoz, de pequeño José Alonso había jugado con otros niños que al paso de los años se convertirían en mafiosos o policías, como él. Aún niño, por cuestiones de trabajo de su padre que era un reconocido mecánico, la familia dejó Matamoros y emigró al Distrito Federal, a donde permaneció hasta que José Alonso se hizo adolescente y un apuesto jovenzuelo.

La familia Pérez de la Rosa, regresó a Matamoros en los primeros meses de 1974, poco después de que falleció doña Rosa María, en noviembre de 1973. Sin bien había cometido algunas travesuras propias de su edad, tanto en el DF como en Matamoros, José Alonso siempre se mostró correctamente educado.

A principios de los ochenta, a la edad de veinticuatro años, ingresó a la DFS, a donde pronto se convirtió en uno de los agentes más temidos en Matamoros, su ciudad natal que conocía palmo a palmo y a la que había sido comisionado.

Pese a su fama de intolerante con los pandilleros y los vagos, se le reconocía como hombre leal al que la DFS no le había dado la oportunidad de ganarse decorosamente la vida, como lo había hecho con muchos otros policías que no valían tanto como aquel joven de trato amable y cordial, pero temido y respetado. Si golpeaba a unos cuantos vagos, era porque se lo merecían, pensaba.

Cierto día, en la colonia donde vivía Sergio, *El Checo* Balboa, uno de los hombres más violentos y brutales de la banda de Casimiro, José Alonso saltó de su auto patrulla al identificar a tres pandilleros del temible grupo.

Su compañero, que bien conocía aquella fobia, permaneció en el interior del vehículo, prefiriendo no intervenir. Los tres jóvenes, de entre los veinte y veinticinco años, habían baleado la casa de su novia en turno, por un pleito sin importancia con el padre de la mujer. También habían estado molestando a la chica cuando pasaba, haciéndole gestos obscenos y amenazándola.

José Alonso los detuvo y obligó ponerse de cara a la pared. Cuando se enojaba, sus regularmente amables facciones se tornaban amenazadoras, y esto, combinado con su fama de intolerante, la mayoría de las veces bastaba para que los pandilleros huyeran. Les preguntó su nombre. Después de desarmar a los dos primeros, les ordenó que treparan al auto patrulla, no sin antes advertirles:

—Se van a chingar un rato en la cárcel. Pero si vuelves a molestar a la chamaca, la van a pasar mal.

A una señal suya, su compañero abrió la portezuela trasera de la patrulla a los dos primeros pandilleros que, aunque protestando y asegurando que "es una arbitrariedad", subieron y se acomodaban en el asiento posterior. Pero el tercero se negó a acatar la orden. Le miró retadoramente y no se movió. José Alonso le miró fijamente y le preguntó:

—¡Y tú!, ¿qué esperas? ¿O qué te crees muy chingón por ser amigo de Balboa?

El pandillero, sin dejar de verlo con desdén, no dijo nada. Luego hizo una mueca burlona y lanzó un escupitajo al piso, muy cerca de los pies del policía.

Aquello fue suficiente para que José Alonso le diera un tremendo puñetazo entre los ojos y la nariz. El sorprendido pandillero cayó de espaldas. Profiriendo con dificultad algunas palabrotas, como pudo se puso de rodillas con la cabeza gacha y chorreando sangre. El golpe le había abierto el lomo de la nariz y tal vez desviado el tabique. Entonces, con aspereza, el policía le dijo:

—Tú y Balboa no son más que un par de pendejos abusivos. ¡Levántate!

Lo tomó de uno de sus brazos y casi a vilo lo metió al auto patrulla. Ante el silencio de su compañero y los dos pandilleros, abordó el vehículo, se puso frente al volante y se dirigió a la casa de Balboa, a unas cuantas calles más adelante. En cuanto Balboa acudió al llamado en la puerta, José Alonso no perdió el tiempo en explicaciones. Con un fuerte jalón le obligó a subir a la patrulla, donde esperaban sus tres compinches. Minutos después, los cuatro estaban atrás de las rejas de las celdas de la DFS.

Luego de encerrarlos, José Alonso informó a su comandante Aguillón López los motivos de la detención. Para su decepción, Aguillón le ordenó que olvidara el asunto, pues no era para tanto; además le advirtió que la gente de *El Cacho* trabajaba para don Juan y *El Cacho* era compadre de Rodolfo Larrazolo Rubio, el jefe de la Aduana.

Al ser enterado Casimiro de la detención de sus cuatro compinches, primero lanzó bravatas en contra del agente y hasta amenazó con matarlo él mismo. Después se dijo que no valía la pena enemistarse con sus amigos de la DFS, pues el policía sólo cumplía con su deber. Creyó que pagando la fianza y repartiendo unos cuantos pesos aquí y allá, podría liberar a sus hombres.

Para tales maniobras, envió a *El Quecón* García quien sin ser policía portaba una credencial que lo acreditaba como agente de la DFS, "compañero" de José Alonso. Pero *El Quecón* cometió la tontería de tratar de intimidar a José Alonso, advirtiéndole que "Casimiro estaba muy enojado" y que no olvidara que él mandaba en Tamaulipas, tanto que hasta don Juan le respetaba.

El Quecón, en realidad, no había dicho nada extraordinario o amenazador. Lo que sucedió fue que el pandillero, que era tan matón como el que más de la banda, no sabía expresarse, y era muy torpe al intentar hacerlo. Pero José Alonso no iba permitir que aquel individuo, que se ostentaba como agente de la DFS, sin serlo, le hablara de aquella manera, mucho menos en su oficina. De tal manera que, desoyendo la orden del comandante Aguillón López, sin más, ásperamente le dijo:

—¡Que se vaya a chingar a su madre *El Cacho*, y tú junto con él! ¡Aquí no hay más señor que yo!

José Alonso se hubiera echado encima del torpe individuo, si éste no hubiera abandonado rápidamente el lugar, al escuchar tan áspera e inesperada respuesta.

Centro de Matamoros. Cuna del cártel del Golfo

SEGUNDA PARTE
CAPITULO II

(Centro y Sudamérica; décadas 1970-1980)

Los colombianos

·····································

Si bien es cierto que el narcotráfico emerge con fuerza en la vida colombiana en los años ochenta, éste ya tenía una larga prehistoria. En el caso de Medellín sus raíces llegan hasta los ladrones del barrio Antioquia que en los años cincuenta viajaban a Puerto Rico y Estados Unidos para robar carteras y en los sesenta iniciaron el comercio de mariguana y cocaína.

De tal manera se puede asegurar que en Latinoamérica el narcotráfico se inicia en los sesenta con la aparición de la mariguana en Perú, México, Bolivia y Colombia. Droga que pronto invade los mercados norteamericanos, y diversos sectores de las sociedades latinoamericanas inician su consumo.

A partir de esa década, al igual que en México (como ya lo dijimos en nuestra edición anterior –Los Tufos del Narco 3–), surgen personajes odiados y admirados y hasta inmortalizados como rebeldes o héroes populares, que se niegan a morir en la memoria de algunos sectores de la sociedad. Hombres y mujeres que se creían inmunes, pero al paso de los años fueron aplastados por el mismo Estado o Gobierno que por mucho tiempo los toleró y hasta apapachó.

Por su origen humilde, su mecenazgo y su espíritu rebelde, estos personajes se convirtieron en mitos para grupos sociales que magnifican sus acciones y justifican sus errores. En muchos casos, incluso, consideran un engaño el anuncio de su muerte o los han santificado.

En los setenta, los colombianos comenzaron a traficar la cocaína producida en Bolivia, Perú y Colombia. Una década después incorporan la heroína, producida en Colombia, y se hace evidente su desproporcionado enriquecimiento por las grandes ganancias que esas operaciones les generan.

En esas dos décadas, en Colombia operaban una veintena de pandillas que vivían del tráfico de drogas y esmeraldas, del secuestro y el asesinato.

De esos años la organización más importante la dirigía Alfredo Gómez López, *El Padrino*, un contrabandista que había amasado una considerable fortuna a través del contrabando de cigarrillos, electrodomésticos, telas, porcelanas y whisky desde la Costa Atlántica. Como jefe del joven Pablo Escobar, quien era su guardaespaldas, fue quien despertó en éste el gusto por el dinero "fácil".

Del grupo de *El Padrino*, se desprendieron hombres y mujeres que detonarían el narcotráfico en Perú, Bolivia, Colombia, México y Estados Unidos. De esta primera época, destacó Ramón Cachaco, un activo ladrón que se vinculó a los traficantes de drogas y contrabandistas de esmeraldas. Al morir en 1973, contaba con la infraestructura para importar base de cocaína de Ecuador y exportar cocaína a través de Panamá, utilizando empresas ficticias.

En los inicios de los setenta se hicieron famosos diferentes narcotraficantes en Medellín: Griselda Blanco, Mario Cacharrero, Los Bravo, Los Ordóñez, entre otros. Con ellos aparecieron los asesinos trepados en motocicletas, una modalidad criminal que ensangrentaría aún más la historia de Colombia. Sus grupos se enfrentarían en guerras intestinas, que al final de esa década consolidaría a nuevos jefes y jefas que impondrían su ley.

De esos hombres y mujeres, la mayoría empedernidos delincuentes, destacarían Pablo Escobar Gaviria y los hermanos Miguel Ángel y Gilberto Rodríguez Orejuela, fundadores de lo que se conocerían como los cárteles de Medellín y de Cali, temibles grupos de pandilleros que operaban en las ciudades de Medellín, Cali, Bogotá, Cartagena, Valle del Cauca, Cundinamarca, Armenia, Leticia, Pereira, y en la Costa Atlántica, principalmente.

En Cali, entre muchos otros, destacó: Benjamín Herrera Zuleta, *El Papa negro de la cocaína*, quien vinculó a miembros de la pandilla del Triángulo de Cali al negocio de la coca, y durante algunos años trabajó en sociedad con Pablo Escobar. También sobresalieron los hermanos Rodríguez Orejuela: Miguel Ángel y Gilberto José, *El Ajedrecista*; y José Santacruz Londoño, *El Estudiante*. Todos eran miembros de la pandilla conocida como *Los Chemas*.

De Medellín: Alfredo Gómez López, *El Padrino*; Pablo Escobar Gaviria, Fabio Restrepo Ochoa y su hijo Jorge Luis Ochoa Vásquez; William Halahy, los hermanos Miguel Ángel, Jaime y Joaquín Builes; Martha María Üpegui de Uribe, Femando Correa Gómez, Darío Moreno, Germán Arango, Gabriel Jaime Botero, Gregorio Ramírez Henao, Jorge León, *El Mico*; Víctor Rodríguez, María Luz Gaviria, Jaime Cardona Vargas, Jaime Cárdenas, Giovani Bordé y Diego Gómez Delgado.

También el clan de los Lopera Vallejo, manejado, entre otros, por Héctor Cárdenas Eusse; Julio César Triviño Peláez, Luis Carlos Correa, Luis Carlos Molina Yepes, Gerson Suárez, Joaquín Jorge Solano y Manuel Antonio Caicedo, Hernán Botero Moreno.

De Bogotá y Cartagena: José Ignacio Aguirre Ardila, *El Coronel*; Jaime Cardona Vargas, Ivan Darío Carvalho, Verónica Rivera de Vargas, *La reina de la coca*; Griselda Blanco Restrepo, *Madrina de la cocaína*; *La viuda negra*; *La madrina*; Camilo Zapata Vásquez, Luis Eduardo Guarnizo, Hernando Cristancho Guevara.

En Cundinamarca: Gonzalo Rodríguez Gacha, *El Mexicano* y Hernando Cristancho Guevara. En Armenia: Carlos Enrique Lehder Rivas. En Pereira: Martín Elías Piedrahita, y los hermanos Octavio, Orlando, Mario y Javier Alonso Piedrahita.

En Leticia (ciudad erigida en la mitad de la selva, en la frontera con Perú y Brasil): los hermanos Camilo y Wilson Rivera González, familiares de *La Reina de la coca*; los hermanos Barbosa: Francisco y Jaime; y Tomás Cárdenas.

En la Costa Atlántica: los clanes de guajiros y barranquilleros, principalmente, encabezados por Emiro de Jesús Mejía Romero, y los hermanos Gómez Van Grieken: Jorge Darío, *Pocholo*, y Lucas. También operaba José Rafael Abello Silva, *El Mono Abello*, y Miguel Pinedo Barros, entre muchos otros.

Pablo Escobar Gaviria

Gilberto Rodríguez Orejuela

Gonzalo Rodríguez Gacha,
El Mexicano

Miguel Ángel Rodríguez Orejuela

De Colombia a México

· ·

Por la creciente demanda de cocaína en Estados Unidos durante las décadas de los setenta y ochenta, aparecieron en Colombia los dos grandes cárteles: el de Medellín y el de Cali. Durante esos años ambas grupos controlaron la exportación de esa droga desde los Andes hacia Estados Unidos, con ganancias anuales que ascendían a cuatro mil millones de dólares.

Como ya sabemos, Estados Unidos sigue siendo el mayor mercado mundial de cocaína. Se calcula que aproximadamente cada año, trescientas cincuenta toneladas (de un total de producción anual de alrededor de mil toneladas) son consumidas por unos seis millones de estadounidenses, que gastan cuarenta mil millones de dólares en este enervante.

El valor total del mercado de droga en la Unión Americana está calculado en ciento cincuenta mil millones de dólares anuales.

Se estima que los narcos mexicanos ganan unos quince mil millones de dólares cada año (y veinticinco mil millones de dólares cuando les va mejor), dependiendo del precio del mercado y de las ganancias generadas no sólo por el tráfico de cocaína sino también por otras drogas ilícitas, en especial la mariguana, la heroína/opio y las metanfetaminas.

Desde sus inicios, los cárteles de Medellín y de Cali se ganaron a pulso la etiqueta de las más poderosas y despiadadas organizaciones criminales del hemisferio occidental. Ambas comenzaron sus operaciones por la vía aérea, importando clandestinamente la *base* o *pasta* (pasta básica) desde el sur de los Andes, especialmente desde la región del Alto de

Huallaga, en Perú (donde se originaba sesenta y cinco por ciento de la producción mundial de coca) y desde la región del Chapare, en Bolivia (donde se producía el veinticinco por ciento) hacia Colombia.

En Colombia se refinaba (refina) el producto, que era (es) trasladado por vía marítima, utilizando buques de carga o botes rápidos, o por vía aérea a través del Caribe, con destino al sur de la Florida. De allí, a través de otras redes de narcos que empleaban (emplean) automóviles, camionetas o aviones, se distribuía (distribuye) por todo el territorio de Estados Unidos.

Durante la primera mitad de la década de los ochenta, los vínculos desarrollados por las dos organizaciones les generaron tremendas utilidades. Multimillonarios frutos que paralelamente trajeron consigo, principalmente en Colombia, un fuerte aumento en la violencia y la aparición de la *narcopolítica*.

Es en esa época cuando las Fuerzas Armadas Revolucionarias de Colombia (FARC) se implican también en la producción y refinamiento de la coca, como protectores de los campesinos que la cultivaban, y como guardias de los cárteles en operaciones de refinación. También en la vigilancia de las pistas de aterrizaje clandestinas en el campo colombiano.

Por su posición dominante dentro del *boom* del comercio de cocaína, los cárteles de Medellín y Cali eran mucho más ricos y poderosos que las organizaciones mexicanas de narcos, que sólo estaban relacionadas con la producción y el trasiego de la mariguana y la heroína/opio hacia el mercado norteamericano.

Para combatir el creciente flujo de cocaína comercializada a través del Caribe desde Colombia, en 1982 el presidente norteamericano Ronald Reagan creó el Grupo de Trabajo del Sur de la Florida y puso a la cabeza de éste al vicepresidente George W. Bush. Este grupo tuvo como objetivo coordinar –por primera vez– la aplicación de la ley federal y los activos militares en la guerra contra las drogas, declarada por el mismo Reagan.

Para finales de los ochenta, se logró reducir en forma importante el tráfico de cocaína proveniente de Colombia hacia la Florida y el sureste de Estados Unidos por las islas caribeñas.

En venganza, en 1984 los matones del cártel de Medellín bajo las órdenes de Pablo Escobar asesinan al ministro de Justicia Rodrigo Lara Bonilla. Para evitar las posibles represalias del gobierno del presidente de Colombia, Belisario Betancur, los capos de los cárteles de Medellín y Cali escapan a Panamá, donde son recibidos y arropados por el dictador panameño Manuel Antonio Noriega quien, además, les brinda el Canal para facilitar sus actividades de narcotráfico.

Con la abierta complicidad del general Noriega, entre mediados y finales de la década de los ochentas, los cárteles de Medellín y de Cali reordenaron sus operaciones de narcotráfico fuera del Caribe, a través de Panamá, América Central, México y, más adelante, a través de la frontera norte de México, hacia Estados Unidos.

Eran los años de los conflictos armados en Centroamérica, en especial la llamada guerra de los *Contras*, patrocinada por Washington (vía la CIA) en contra de los sandinistas en Nicaragua. Caos que facilitó la participación de los *Contras* en el tráfico de cocaína a través de la región, para financiar sus actividades guerrilleras.

Para realizar sus actividades ilícitas, los colombianos construyeron lejanas y ocultas pistas de aterrizaje en Honduras, Guatemala y Costa Rica, con el disimulo y la cooperación de políticos, policías y militares corruptos de los gobiernos de esos países, para hacer escala técnica y continuar hacia el norte de México. De esta manera se abrió un nuevo corredor estratégico para la exportación de la cocaína a Estados Unidos.

Una de las primeras organizaciones mexicanas en involucrarse de manera profunda en el tráfico de cocaína colombiana utilizando este nuevo corredor, fue el cártel de Juárez, encabezado por Amado Carrillo Fuentes. Se le conocería como *El Señor de los cielos* después de armar una gran flota aérea para transportar la cocaína colombiana a través de la frontera entre México y Estados Unidos.

Fue tal su éxito, que su ejemplo lo siguió el cártel de Tijuana que se consolidaría bajo el mando de los hermanos Arellano Félix.

A finales de 1989 y principios de 1990 se registraron acontecimientos en América Central y Estados Unidos que cambiaron esta situación y redujeron el rol de Centroamérica en el contrabando de cocaína y potenciaron a los cárteles mexicanos.

El ya para entonces presidente norteamericano, George W. Bush, en diciembre de 1989, ordenó la invasión a Panamá y la captura del general Antonio Noriega, a fin de frenar su abierta participación en el narcotráfico. Además, ese mismo año la industria de la cocaína colombiana sufrió cambios mayores dentro de su propia estructura, facilitando así una mayor participación de los narcos mexicanos.

En agosto de 1989, Pablo Escobar mandó asesinar al candidato presidencial Luis Carlos Galán. En represalia, el presidente de Colombia, Virgilio Barco, declaró la guerra al cártel de Medellín y, con el apoyo de Estados Unidos, lanzó una campaña militar contra Escobar y toda su organización.

Para 1991, Escobar inició negociaciones con el gobierno colombiano, acordando su sometimiento a la justicia. Su aseguramiento, financiado por él mismo, se llevó a cabo en la prisión construida por él mismo llamada La Catedral, en Envigado, Antioquía, a las afueras de Medellín, de la que un año después escapó burlándose del gobierno, y reinició sus actividades ilícitas.

Para perseguirlo, se formó un bloque de búsqueda. Escobar fue localizado y asesinado por las fuerzas de seguridad colombianas el 3 de diciembre de 1993, con la participación de Estados Unidos.

Como era de esperarse, la muerte de Escobar y la captura de la mayoría de los otros capos del cártel de Medellín, fortaleció a los miembros de la organización de Cali que abiertamente cooperaron con las autoridades en la caza y asesinato de Escobar.

Sin embargo, para mediados de 1995, por la presión estadounidense que exigía la aplicación de la ley en su contra, obligó a los hermanos Rodríguez Orejuela a aceptar los términos de negociación para su rendición que les ofrecía la administración del presidente Ernesto Samper.

La rendición efectiva de los dos principales jefes del cártel de Cali en 1995, marcó el final de la era de dominación en el comercio de cocaína en Colombia de los cárteles, Medellín y Cali.

---0---

Pero ni la muerte de Escobar ni la rendición y entrega de los hermanos Rodríguez Orejuela significó el final del importante papel jugado por Colombia en el tráfico de cocaína. Incluso, a mediados de la década de los noventa, su territorio logró suplantar a los de Perú y Bolivia como el mayor productor de coca de los Andes.

Esto se logró cuando el presidente de Perú, Alberto Fujimori, ordenó interrumpir el puente aéreo establecido entre Perú y Colombia. ¿Cómo?: derribando las aeronaves transportadoras de pasta básica provenientes del valle del Alto de Huallaga, en Perú, y la región del Chapare de Bolivia, destinadas a los laboratorios colombianos.

La acción del presidente peruano, Fujimori, provocó que en Colombia los narcos desarrollaran un *boom* de cultivos de coca en los llanos orientales y en las regiones de la cuenca del Amazonas en el este y sur del país, con el fin de contrarrestar los cortes en el aprovisionamiento de materia prima. Por ello, para los inicios del milenio Colombia ya cultivaba el noventa por ciento del suministro disponible de coca en la región.

Pero como la caída de los cárteles de Medellín y de Cali dejó un vacío en el comercio ilegal de la cocaína colombiana, algunos narcos buscaron reconstruir organizaciones mayores con los restos de los dos grupos desaparecidos como tales.

Por ejemplo, por el de Medellín apareció el cártel del Milenio, encabezado por Alejandro Bernal a finales de los noventa. Por el de Cali, surgió el cártel del Valle del Norte, con *Don Diego* a la cabeza y quien monopolizó el negocio hasta 2008. Cayó tras de una furiosa persecución emprendida por las fuerzas colombianas y estadounidenses.

¿Por qué los esfuerzos de esas nuevas organizaciones fracasaron? Porque por su poder y violencia con las que nacieron, de inmediato atrajeron demasiada atención de las agencias antinarcóticos y de inteligencia colombianas y estadounidenses, que de inmediato furiosamente las persiguieron y atacaron, hasta exterminarlas.

Como consecuencia de esto, los narcos colombianos se aglutinaron en gran número de pequeños grupos o *cártelitos*. Y para evitar ser detectados o arrestados, asumieron un perfil menos violento y menos notorio en la política. De esta manera, para el año 2000 en Colombia operaban un promedio de trescientos *cártelitos* o pequeños grupos de narcos, que llenaban eficazmente el espacio dejado por los desaparecidos cárteles del Milenio y del Valle del Norte.

Pero también estos pequeños grupos duraron poco. Por la fuerza se vieron obligados a ceder el control del cultivo y procesamiento de la coca en las zonas rurales colombianas a la guerrilla izquierdista de las FARC y a la organización paramilitar derechista de las Autodefensas Unidas de Colombia (AUC) quienes, hasta la actualidad, empleando su poder de fuego sostienen una sangrienta guerra por la expansión del control territorial.

Enfocados principalmente en la exportación de la cocaína refinada obtenida de las FARC y de las AUC, pero con capacidad logística mucho menor en comparación con los desaparecidos cárteles del Milenio y del Valle del Norte, los *cártelitos* se atomizaron más, lo que los obligó a forjar alianzas y relaciones comerciales con otros narcos dentro y fuera de Colombia.

Esto, obviamente, generó nuevos espacios y oportunidades para los cárteles mexicanos, que rápidamente ampliaron su poder y se ubicaron en una posición dominante en el lucrativo y peligroso negocio.

---0---

Tras la caída de los cárteles de Medellín y de Cali, como ya se dijo, varios grupos mexicanos comenzaron a incursionar en el negocio de la cocaína, primero el de Juárez, bajo la dirección de Amado Carrillo Fuentes y luego el de Tijuana, con los Arellano Félix al frente. A partir de entonces, ambas organizaciones se involucraron más en el comercio de la cocaína colombiana.

Al principio, los acuerdos alcanzados con las organizaciones de Medellín y de Cali establecían que la paga a los narcos mexicanos consistía en una tarifa fija por sus servicios. Tras de caer ambos grupos, los mexicanos exigieron una mayor participación en las operaciones de contrabando.

En lugar de comisiones como pago, demandaron la mitad de cada cargamento de cocaína. A cambio, los mexicanos garantizaban a los *cártelitos* colombianos la entrega de la otra mitad en Estados Unidos. Si por cualquier motivo fallaban, los colombianos eran compensados por sus pérdidas al precio previamente acordado. Y todos contentos.

Bajo estas nuevas reglas, los narcos mexicanos incrementan rápidamente sus operaciones en la distribución de la droga en los Estados Unidos. Operaciones que los enriquecen y hacen más poderosos y violentos. Tanto que para el año 2000, ya dominaban y obtenían las mayores ganancias del ilícito negocio.

Otro factor que hace de México el nuevo epicentro del tráfico de cocaína desde Colombia y los Andes hacia Estados Unidos, fue la transición política del PRI al PAN en la Presidencia de la República. La llegada a Los Pinos de un político no salido de las filas del PRI, rompe las líneas tradicionales de soborno entre los narcos y los políticos priístas.

La eliminación de estos controles permite la expansión de los narcos, sin las trabas que antes aplicaba el PRI que por ocho décadas mantuvo el narcotráfico en México dentro de límites, podría decirse, tolerables.

Rotos esos controles, durante el sexenio del presidente panista Vicente Fox (2000-2006) lanza una campaña contra el creciente poder y violencia de las organizaciones de Juárez y de Tijuana, debilitándolas con la muerte de uno de los Arellano Félix (Ramón), la captura de otro (Benjamín) y el arresto de varios jefes de Juárez.

Pero aún cuando las acciones del presidente Fox fueron elogiadas por el gobierno de Washington, no lograron eliminar por completo a las dos organizaciones. La paradoja es que sí generaron nuevas oportunidades para otros grupos de narcos rivales, que buscaban expandir su participación en el negocio de la cocaína sudamericana.

Durante el sexenio foxista, las organizaciones de Sinaloa, encabezada principalmente por Joaquín *El Chapo* Guzmán, Ismael *El Mayo* Zambada y Juan José Esparragoza, *El Azul*, y la del Golfo, capitaneada por Osiel Cárdenas Guillén, se movieron con un éxito considerable contra los cárteles de Tijuana y Juárez, y forjaron sus vínculos con los *cártelitos* colombianos, así como con narcos que operaban en Perú y Bolivia.

Estos dos grupos, el del Golfo y Sinaloa, establecieron nuevas rutas de contrabando por aire y tierra a lo largo de las costas del Pacífico y del Golfo. También lucharon encarnizadamente para conseguir el control de plazas y puntos clave a lo largo de la frontera entre Estados Unidos y México, en especial en Tijuana y Juárez.

Para 2003 ya eran los grupos más dinámicos, poderosos y brutales en el comercio de cocaína mexicana, suplantando con éxito a las organizaciones de Tijuana y Juárez. Pero pronto ambos se convirtieron en violentos rivales, cuando Sinaloa intentó arrebatarle al del Golfo el control de Nuevo Laredo, que controlaba hasta entonces Osiel Cárdenas y su grupo Los Zetas.

Esta rivalidad fue el inicio de una sangrienta y cruenta lucha en la que al final también intervinieron las siete principales organizaciones que entonces dominaban el lucrativo negocio (Sinaloa, Golfo, Zetas, Tijuana, Juárez, Beltrán Leyva, y la Familia Michoacana) y docenas de grupos menores que surgieron para pelear el mercado de droga en México, que genera unos ¡quince mil millones de dólares al año!

Las pugnas internas en los cárteles de Sinaloa, Tijuana y Juárez, sumadas a un complejo conjunto de alianzas cambiantes entre los muchos grupos, desde aquellos años construirían o darían vida a un brutal y sangriento escenario donde se disputarían parte de esos quince mil millones de dólares que genera el comercio de las drogas en el territorio nacional.

Un sangriento y lucrativo negocio que hace cinco décadas se generó en Medellín, Colombia, y desde allí llegó a Sinaloa, México. Al parecer para quedarse, con las consecuencias que todos conocemos.
(Continuará)

Algunos miembros de la pandilla Los Chemas

Benjamín Herrera Zuleta

José Santacruz Londoño, *El Estudiante*